AF346646

DE PAR LEURS ALTESSES SÉRÉNISSIMES

Monseigneur LE DUC DE CHARTRES,

Monseigneur LE DUC DE BOURBON,

Monseigneur LE PRINCE DE CONTI.

CATALOGUE
DES LIVRES
DE LA BIBLIOTHEQUE
DE FEUE
S. A. S. MADAME LA PRINCESSE
DE CONTY.

LES Personnes qui défireront quelques articles du préfent Catalogue, & qui ne pourront fe trouver à la Vente le jour qu'on y expofera ces articles, peuvent charger de leur commiffion le fieur PRAULT fils, Libraire, qui fera ladite Vente. Il les prie de lui faire remettre par la petite Pofte, ou autrement, un mot d'écrit avec une note exacte par numéros des objets que l'on voudra, & des prix qu'on aura intention de mettre à chacun de ces objets.

CATALOGUE
DES LIVRES
DE LA BIBLIOTHEQUE
DE FEUE
S. A. S. MADAME LA PRINCESSE
DE CONTY,
SECONDE DOUAIRIERE.

Dont la Vente se fera au plus offrant & dernier Enchérisseur, le Jeudi 14 Septembre 1775 & jours suivans, trois heures de relevée à l'Hôtel de Conti, rue Saint Dominique, fauxbourg Saint Germain.

A PARIS,
Chez PRAULT fils, Libraire, quai des Augustins, près la rue Pavée, à l'Immortalité.

M. DCC. LXXV.

TABLE

DES DIVISIONS ET SUBDIVISIONS
Contenues en ce Catalogue.

THÉOLOGIE.

BELLES-LETTRES.

HISTOIRE.

TABLE DES DIVISIONS.

TABLE DES DIVISIONS.

Fin de la Table des Divisions.

CATALOGUE

CATALOGUE

DES LIVRES

DE LA BIBLIOTHEQUE

DE FEUE

S. A. S. MADAME LA PRINCESSE

DE CONTY,

SECONDE DOUAIRIERE.

THÉOLOGIE.

ECRITURE SAINTE.

*Textes & Versions de l'Ecriture-Sainte, & leurs Commenta-
teurs.*

Nº. 1 LA Bible traduite en françois, par If. le Maître
de Sacy. *Mons,* 1713, 2 *vol. in-4.*

2 La Sainte Bible, traduite en françois, avec des explications & des réflexions qui regardent la vie intérieure,
(par Madame de la Mothe-Guyon.) *Cologne,* 1713 &
1714, 20 *tomes en* 14 *vol. in-8.*

3 Les cent cinquante Pfalmes du Prophete Royal David, tra-

A

duits en rythme françoise, par Clément Marot (& Théodore de Beze.) *Paris*, 1655, *in-32.*

4 Pseaumes de David, trad. selon l'hébreu. *Paris*, 1691, *in-*
12. *mar. verd. lav régl. avec fermoirs.*

5 Les Pseaumes paraphasés en forme de Prieres, avec le latin. *Paris*, 1700, *in-12.*

6 Livre de la Sagesse, traduit en vers françois, avec le texte
latin, &c. *Paris*, 1696, *in-12.*

7 Novum Testamentum. *Lugduni*, 1680, *in-12.*

8 Le Nouveau Testament, trad. en françois selon l'édit. de
la Vulgate, avec les différences du grec, (par If. le Maître de Sacy.) *Mons, Migeot*, 1677, *in-4. mar. r.*

9 Le même. *Paris*, 1730, 2 *vol. in-12. mar. r.*

10 Nouveau Testament en françois, avec des réflexions morales fur chaque verfet, & le texte latin en marge, (par
le Pere Pasquier Quesnel.) *Paris*, 1696, 4 *tomes en 5 vol.
in-12.*

11 Les Epîtres & Evangiles pour toute l'année. *Paris*, 1705,
3 *vol. in-12. mar. r. doub. de même.*

12 Explication de plusieurs textes difficiles de l'Ecriture, par
D. Jac. Martin, avec fig. *Paris*, 1730, 2 *vol. in-4.*

13 Idées historiques, morales & chronologiques de tous les
Livres de l'Ecriture-Sainte, par le P. Jof. Charlemagne.
Paris, 1737, *in-12.*

Histoire & figures de la Bible.

14 Dictionnaire de la Bible, par Simon. *Lyon*, 1593, *in-fol.*

15 Discours historiques, critiques, théologiques & moraux
fur les événemens les plus mémorables du Vieux & du
Nouveau Testament, par. J. Saurin, avec des figures def-
finées par Hoël Houbraken & Picart. *La Haye*, 1728, 2
vol. in-fol. pap. royal.

> Le Tome I contenant depuis la Création du Monde, jufqu'à la
> mort de Movfe
> Tome II, depuis le paffage du Jourdain, jufqu'à la mort de
> Saül.

LITURGIES.

*Liturgies proprement dites, qui font les Offices & Prieres de
l'Eglife.*

16 Breviarium Romanum. *Antuerpiæ*, 1752, 4 *vol. in-4.*

17 Breviarium Romanum. *Antuerpiæ*, 1753, 4 *vol. in-12. mar. r.*

18 Breviarium Parisiense. Franc. de Harlay juſſu editum. *Pariſiis*, 1680, 4 *vol. in-8. mar. r.*

19 Bréviaire de l'Ordre ſacré des des Freres Prêcheurs. *Paris*, 1743, 2 *vol. in-8. v. tr. dor.*

20 Diurnal de l'Ordre ſacré des Freres Prêcheurs. *Paris*, 1753, *in-8.*

21 L'Année Chrétienne, contenant les Meſſes de toute l'année, en latin & en françois, avec l'explication des Epîtres & Evangiles & un abrégé de la vie de chaque Saint, (par Nic. le Tourneux. *Paris*, 1705, 13 *vol. in-12. mar. r.*

22 La même. *Paris*, 1718, 13 *tom. en 12 vol. in-12. lav. reg. mar. cit. à comp. & doubl. de mar. r.*

23 Office pour tous les jours de la ſemaine, avec l'Office des Morts, celui de la Vierge, les Offices du commun, & les Hymnes & Proſes de toute l'année ; le tout en françois ; *diſtribués en 11 vol. in-12. mar. bleu & mar. citron.*

24 Heures ou Manuel pour aſſiſter à la Meſſe & autres Offices de l'Egliſe, par le P. Le Brun. *Paris*, 1727, *in-12. mar. r. lavé & reglé.*

25 Offices tirés de l'Ecriture Sainte, pour tous les jours du mois, avec l'ordinaire de la Meſſe, &c. *Paris* 1743, 2 *vol. in-12. mar. r. doub. de tabis.*

26 L'Office de l'Egliſe en franç. *Paris*, 1746, *in-12. mar. r. dent.*

27 Heures nouvelles dédiées à Madame la Princeſſe, contenant les Offices qui ſe diſent pendant l'année. *Paris*, 1765, *in-12.*

28 Courtes Prieres durant la ſainte Meſſe, & autres Oraiſons *in-12. manuſc. mar. bl. doubl. de mar. rouge.*

29 Office de la ſemaine ſainte, en latin & en françois, à l'uſage de Rome & de Paris, avec des Réflexions, Prieres & Inſtructions pour la Confeſſion & la Communion. *Paris*, 1728, *in-8. mar. r. dent.*

30 Prieres pour le Salut, *manuſc. ſur vélin, in-16, mar. cit. doubl. de mar. verd.*

31 Office de la Fête & de l'Octave de Noël, & juſqu'à l'Epiphanie, à l'uſage de Rome & de Paris, en latin & en françois. *Paris*, 1708, *in-12. lavé, reglé, mar. verd.*

32 Heures Royales, contenant les Offices, Vêpres, Hymnes & Proſes de l'Egliſe. *Paris*, 1686, *in-8. mar. r.*

33 Heures Royales, contenant l'Office de la Vierge, les Meſſes,

Profes, Vépres, &c. à l'usage de Rome & de Paris. *Paris*, 1756, *in-*12. *v. br. tr. dor.*

34 Heures à l'usage de la Chapelle & Paroisse du Roi. *Paris*, 1739, *in-*16.

35 L'Office de la Fête de la Providence, en latin & en françois, *in-*12. *mar. r.*

36 Office de la Vierge en latin & en françois, avec des Instructions pour faire saintement toutes ses actions pendant tout le cours de l'an. *Paris*, 1688, *in-*16. *lavé, reglé, mar. cit. dent. doub. de mar. r.*

37 Offitio della sancta Vergine, coi Salini Penitentiali, il Vespro e Compieta, &c. tradotto del Angelo Pronetti. *Parigyi*, 1689, *in-*16. *mar. r.*

38 Office ponr la Fête du bienheureux Vincent de Paul, à l'usage du Diocese de Paris. *Paris*, 1729, *in-*12.

Mélanges de Liturgies, ou divers Recueils de Prieres.

39 Institutions Chrétiennes & Prieres à Dieu sur les Epítres & Evangiles. *Paris*, 1716, *in-*12. *mar. r. dent.*

40 Traités sur la Priere publique, & sur les dispositions pour offrir les saints Mysteres, par André Duguet. *Paris*, 1713, *in-*12. *mar. r.*

41 La Journée du Chrétien sanctifiée par la Priere, &c. *Paris*, 1753, *in-*16.

42 Pratiques de Piété pour honorer le Saint Sacrement. *Cologne*, 1683, *in-*8.

43 Exercices de piété en faveur des Confreres du Saint-Scapulaire de Notre-Dame du Mont-Carmel. *Paris*, 1752, *in-*12. *mar. r. d.*

SAINTS PERES.

44 Traité d'Origene contre Celse, ou Défense de la Religion Chrétienne contre les accusations des Payens, trad. du grec, par Elie Bouhéreau. *Amst.* 1700, *in-*4.

45 Défense des Sentimens de Lactance sur le sujet de l'usure, contre la censure d'un Ministre de la Religion P. R. *Paris*, 1677, *in-*12.

46 Lettres de Saint Jérôme, avec des Maximes morales tirées de ses autres Ouvrages, trad. en françois, avec des remarques par D. Guil. Roussel. *Paris*, 1713, 3 *vol. in-*8.

47 Explication de Saint Augustin & des autres Peres Latins

fur le Nouveau Teftament. *Paris*, 1689, 4 *vol. in*-8.
48 Les Commentaires de Saint Auguftin fur le Sermon de Notre-Seigneur fur la montagne. *Paris*, 1683, *petit in*-12.
49 Traduction du Livre de Saint Auguftin des Mœurs de l'Eglife Catholique, par Ant. Arnauld. *Paris*, 1720, *pet. in*-12.
50 Lettres de Saint Auguftin, trad. en françois fur l'édit. nouvelle, avec des notes fur les points d'Hiftoire, &c, par Dubois: *Paris*, 1737, 6 *vol. in*-12. *mar. r.*
51 Le Livre de Saint Auguftin de la véritable Religion, trad. par Ant. Arnauld. *Paris*, 1720, *petit in*-12.
52 Traduction du Livre de Saint Auguftin de la Correction & de la Grâce. *Paris*, 1725, *petit in*-12.
53 De la fainte Virginité difc. trad. de Saint Auguftin, avec des remarques par Cl. Seguenot. *Paris*, 1638, *in*-8. *couv. en parch.*
54 Saint Eucher du mépris du Monde, trad. en françois par Arnauld d'Andilly. *Paris*, 1672, *in*-12. *mar. bleu.*

THÉOLOGIENS.

Théologiens Scholaftiques.

55 Relation des Actes & Délibérations concernant la Conftitution d'Innocent XII, portant condamnation du Livre intitulé, Explication des Maximes des Saints fur la vie intérieure. *Paris*, 1700, *in*-4.
56 Catéchifme hiftorique dogmatique fur les conteftations qui divifent l'Eglife par rapport à la Conftitution Unigenitus. *La Haye*, 1729 & 1730, 2 *vol. in*-12.
57 Les Exaples ou les fix Colonnes fur la Conftitution Unigenitus, &c. *Amft.* 1714, *in*-4.
58 Principes des Jéfuites fur la probabilité, réfutés par les Payens, & la conformité des Jéfuites modernes avec leurs premiers Peres, pour fervir de fuite au parallele. 1727.
—— Parallele de la Doctrine des Payens avec celle des Jéfuites & de la Conftitution Unigenitus, avec une réponfe à quelques reproches qu'on lui a faits, & fa juftification par les Jéfuites. 1726, *in*-8. *mar. r.*
59 Catéchifme de Montpellier. *Paris*, 1751, 3 *vol. in*-12.
60 Catéchifme hiftorique, par l'Abbé Fleury. *Paris*, 1730, 2 *vol. in*-12. *mar. r.*
61 Les Imaginaires & les Vifionnaires, ou Lettres fur l'Hé-

réfie Imaginaire, par le fieur de Danvilliers (P. Nicole.)
Liége, 1667, 2 vol. in-12.

62 Lettres d'Ant. Arnauld. Nancy, 1737, 8 vol. in-12.

63 Traité des Difpenfes du Carême, dans lequel on découvre la fauffeté des prétextes qu'on apporte pour les obtenir. Paris, 1709, in-12.

64 Le faux Dépôt, ou Réfutation de quelques Erreurs populaires touchant l'ufure. Lyon, 1674, in-12.

65 Inftruction fur le Jubilé, par Maffillon Evêque de Clermont. Paris, 1751, in-12.

66 Hiftoire des Miracles & du Culte de M. Pâris, pour fervir de fuite à fa Vie, 1737. —— Abrégé hiftorique des Libertés de l'Eglife Gallicane en France. (Paris) 1732. —— Dénonciation aux Evêques de France d'un Livre du P. le Courroyer intitulé; Défenfes de la differtation fur la validité des ordinations des Anglois, par Claude le Peltier. 1727. —— Les Enluminures de l'Almanach des Jéfuites, intitulé la Déroute & la Confufion des Janféniftes, in-12.

67 La vérité des miracles opérés à l'interceffion de M. Pâris & autres Appellans, démontrée contre M. l'Archevêque de Sens, par Carré de Montgeron; 1737, in 4. fig.

68 Le Naturalifme des Convulfions dans les maladies de l'épidémie convulfionnaire, (par M. Hequet.) Soleure, 1733, in-12.

69 Inftruction familiere du P. D***, Jéfuite, adreffé à tous les Fideles du Diocefe de Bayeux, en 1726. fans frontifpice, in-8.

70 Inftruction Paftorale de M. l'Archevêque de Tours, fur la Juftice Chrétienne. Paris, 1749, in-12.

Théologiens Moraux.

71 Confidérations fur les Dimanches & les Fêtes des Myfteres, & fur les Fêtes de la Vierge & des Saints, (par P. de Saint Cyron.) Paris, 1671, 2 vol. in-8.

72 Les Régles de la Morale Chrétienne, recueillies du Nouveau Teftament, par Bazile le Grand, & traduites en françois avec des explications. Paris, 1663, in-12.

73 Effais de Morale, contenus en divers Traités fur plufieurs devoirs importans, & fur les Epîtres & Evangiles, par P. Nicole. La Haye, 1720, 10 vol. in-12. mar. cit. lav. rég.

74 Les Provinciales, ou Lettres écrites par Louis de Montalte (Bl. Pafcal) à un Provincial de fes Amis. Francfort, 1716, petit in-12.

75 Caracteres tirés de l'Fcriture-Sainte & appliqués aux
Mœurs de ce Siécle. *Paris*, 1698, *in-12.*

Traités sur les Sacremens.

76 Défenfe de la Differtation fur la validité des Ordinations
des Anglois, contre différentes réponfes qui y ont été faites, avec des preuves juftificatives par l'Auteur de la Differtation (le P. le Courroyer.) *Bruxelles*, 1726, *in-12.*

77 Vocabulaire de Noms françois & latins que l'on peut
donner au Baptême & à la Confirmation. *Paris*, 1700,
in 4.

78 Inftruction pour les Difpofitions qu'on doit apporter aux
Sacremens de Pénitence & d'Euchariftie. *Paris*, 1715,
in-12.

79 La Tradition de l'Eglife fur le fujet de la Pénitence &
de la Communion, repréfentée dans les Ouvrages des
Peres, &c. trad. en françois par Arnauld d'Andilly. *Paris*, 1656, *in-8.*

80 De la fréquente Communion, où l'on expofe les fentimens des Peres, des Papes & des Conciles touchant l'ufage
des Sacremens de Pénitence & d'Euchariftie, par Arnauld
d'Andilly. *Paris*, 1656, *in-8.*

81 Exercice de Piété pour la Communion, par le P. Griffet. *Paris*, 1752, *in-12.*

82 Agneau Pafcal, ou Explication des cérémonies que les
Juifs obfervoient en la manducation de l'Agneau de Pâque.
Cologne, 1690, *in-8.*

Théologiens Parénétiques, ou Prédicateurs.

83 Inftructions Chrétiennes fur les Myfteres de Notre-Seigneur
& fur les principales Fêtes de l'année, (par M. de Saint
Glein). *Paris*, 1681, 5 *vol. in-8. lavé, reglé.*

84 Sermons du P. Bourdaloue fur les Myfteres. *Paris*, 1726,
2 *vol. in-12.*

85 Sermons de Maffillon, Avent & petit Carême. *Paris*, 1745,
2 *vol. in-12. mar. r.*

86 Sermons de M. de la Fiteau, Evéque de Cifteron. *Lyon*,
1752, 4 *vol. in-12.*

87 Homélie fur le Pfeaume *Miferere*, par le P. Calabre.
Paris, 1740, *petit in-12. mar. c.*

THÉOLOGIENS MYSTIQUES.

88 Imitation de Jéfus-Chrift, traduite de Thomas à Kempis ; par de Beuil (le Maiftre de Saci). *Paris*, 1690, *in-8. lavé, mar. v. doub. de mar. r.*

—— La même, *in-12. Paris*, 1699, *lavé, doub. de mar. r.*

89 La même. *Paris*, 1728, *in-8. mar. r.*

90 Dell' Imitatione di Chrifto del Tomazo di Kempis, corretti fecondo gl' originali latino. *Kough*, 1675, *in-8. mar. noir.*

91 Introduction à la Vie dévote, par Saint François de Sales. *Paris*, 1677, *in-16.*

92 Le Chemin Royal de la Croix, trad. du latin de D. Ben. Hœften en franç. par le P. Didac, avec figures gravées par Ganiere. *Paris*, 1656, *in-8.*

93 Le même, avec fig. *Paris*, 1737, *2 vol. in-12.*

94 Les Progrès de la Vie fpirituelle, felon les différens états de l'Ame, par le P. Franç. Guilloré. *Paris*, 1676, *in-12.*

95 Les Opufcules fpirituelles de M. Renar. *Paris*, 1687, *in-12.*

96 Les Exercices de la Vie intérieure, par le P. Gonnelieu. *Paris*, 1701, *in-12.*

97 Introduction à la Vie intérieure en forme d'entretien, (par Courbon.) *Paris*, 1708. —— Le Bonheur d'une Ame à Dieu dans l'Oraifon, (par le même.) *Paris*, 1704, *in-12.*

98 Exercice fpirituel, contenant la maniere d'employer toutes les heures du jour au fervice de Dieu. *Paris*, 1744, *in-12. v. marb. tr. dor.*

Traités fur l'Amour divin.

99 Pélerinage du Calvaire fur le Mont-Valérien, par M. de Pont-Briand. *Paris*, 1763, *petit in-12. mar. bleu.*

100 La Dévotion au Sacré Cœur de Jéfus, & l'Abrégé de la Vie de Sœur Marguerite-Marie Alacoque, &c. *Paris*, 1741, *in-12.*

101 Explication des qualités ou des caracteres que Saint Paul donne à la Charité, (par André du Guet.) *Amft.* 1727, *in-12. mar. r.*

102 Explication des Myſteres de la Paſſion de N. S. ſui-
vant la Concorde, (par André Duguet.) *Paris*, 1728,
2 *vol. in-12. mar. bl.*

103 La même. *Bruxelles*, (*Paris*) 1735, *in-12. mar. r.*

104 Paraphraſe du *Miſerere*, par le P. Seigeneri. *Paris*,
1754, *petit in-12.*

105 Sentimens d'une Ame pénitente ſur le Pſeaume *Miſerere*. *Paris*, 1746, *petit in-12.*

106 Sentimens d'une Ame touchée de Dieu, tirés des Pſeau-
mes, par Maſſillon. *Paris*, 1747, 2 *vol. in-12.*

107 Réflexions ſur la Miſéricorde de Dieu, (par Madame de
la Valliere.) *Paris*, 1682, *in-12.*

108 Traité de la Providence ſur le Miracle des ſept pains.
Paris, 1685, *petit in-12.*

Pratiques & exercices de piété.

109 Méditations ſur les Evangiles & autres points importans, par le P. Buſée. *Pa.is*, 1673, *in-12.*

110 Méditations ſur l'Evangile, Ouvrage poſthume de Jac.
Bénigne Boſſuet. *Paris*, 1731, 4 *vol. in-12. mar. r.*

111 Méditations pour tous les jours de la Semaine-Sainte.
Paris, 1679, *in-12.*

112 Exercice Spirituel, où le Chrétien peut apprendre la
maniere d'employer le jour au ſervice de Dieu, par V.
C. P. *Paris*, 1664, *in-8. mar. r.*

113 Diverſes Retraites, où une Ame après avoir connu ſon
déſordre, par la lumiere du Saint Eſprit, ſe réſoud à le
quitter & embraſſer le chemin de la ſainte perfection. *Paris*, 11 *vol. in-16. mar. r. lav. regl. doub de mar.*

114 Maximes Spirituelles pour acquérir la préſence de Dieu,
avec quelques Lettres de pieté, par le Frere Laurent de la
Réſurrection. *Paris*, 1692, *in-12.*

115 Penſées Chrétiennes pour tous les jours du mois. *Paris*,
1702, *in-16. v. f.*

116 Le Pédagogue Chrétien, ou la maniere de vivre chrétiennement, par le P. d'Outtreman. *Paris*, 1684, *in-12.*

117 La maniere de remplir ſaintement les devoirs de la vie
chrétienne & religieuſe. *Paris*, 1691, *petit in-12.*

118 Conduite chrétienne adreſſée à M. de Guiſe, par D.
Armand Jean (Bouthillier de Rancé), Abbé de la Trappe. *Paris*, 1697, *in 12. lav. rég. mar. noir doub. de mar.
rouge.*

119 Sentimens de Piété, par le P. Cheminais. *Paris*, 1755, *petit in-16.*

120 Réglemens donnés par une Dame de qualité à M***, sa petite fille, pour sa conduite & celle de sa maison. *Paris*, 1698, *in-12.*

121 Maximes pour se conduire chrétiennement dans le monde, par l'Abbé Clément. *Paris*, 1753, *in-12.*

THÉOLOGIENS POLÉMIQUES.

122 Pensées de Blaise Pascal sur la Religion & sur quelques autres sujets. *Paris*, 1683, *in-12. mar. r. luv. régl. doub. de m. r.*

123 Les mêmes. *Paris*, 1716, *in-12. v. marb. tr. dor.*

124 Les mêmes, nouvelle édition augmentée de la Vie de l'Auteur. *Paris*, 1734, *in-12. mar. r.*

125 Traité de la Vérité de la Religion Chrétienne, & de la Divinité de N. S. par Jacques Abbadie. *Amsterd.* 1719, 3 *vol. in-12.*

126 Le même. *La Haye*, 1741, 3 *vol. in-12. mar. r.*

127 Mémoire touchant la Religion, (où l'on prouve l'Existence de Dieu & la Divinité de J. C.) *manusc. in-8. mar. rouge.*

128 Défense de la Religion Chrétienne & de l'Ecriture-Sainte, contre les Déistes, trad. en françois par J. B. de Rosemond. *Paris*, 1681, *in-12.*

129 La Religion Chrétienne, prouvée par les faits; par l'Hbbé Houtteville. *Paris*, 1722, *in-4.*

130 Letrres de M. l'Abbé ***, à M. l'Abbé Houtteville, au sujet du Livre de la Religion Chrétienne prouvée par les faits. *Paris*, 1722, *in-4.*

131 Lettres de R. Ismael Ben Abraham, Juif converti, à M. l'Abbé Houtteville, sur son Livre intitulé, La Religion Chrétienne prouvée par les faits. *Paris*, 1722, *in-12.*

132 Réflexions de M. Hervé, ancien Evêque de Gap, sur différentes matieres de Religion. *Paris*, 1717, *in-12. mar. r. dent.*

133 La Babylone démasquée, ou Entretiens de deux Dames Hollandoises sur la Religion Catholique Romaine, & sur les motifs qui doivent engager à l'embrasser & à renoncer aux Sectes qui lui sont contraires, notamment le Calvinisme, par M. Lindener de Zoutelandt. *Paris*, 1727, *in-12.*

134 Défense de l'Eglise Romaine contre les Calomnies des Proteftans, au fujet de la Prédeftination & de la Grâce. *Cologne*, 1691, *in-12*.

THÉOLOGIENS HÉTÉRODOXES.

135 Traité des Reliques, par Jean Calvin. *Genéve*, 1601, *in-12*.
136 Traité de la Confcience, dans lequel on examine fes illufions, fes craintes & divers Cas de confcience, avec des réflexions fur le Commentaire philofophique, par Baf-nage. *Amfterd.* 1696, 2 tomes en 1 vol. *in-12*.
137 Ébauche de la Religion Naturelle, trad. de l'angl. de Wolafton. *La Haye*, 1726, *in-4*.
138 La Religion des Mahométans, avec des éclairciffemens fur les opinions qu'on leur a fauffement attribuées, tirées du latin de Reland, avec figures. *La Haye*, 1721, *in-12*.

JURISPRUDENCE.

DROIT CANONIQUE.

139 TRAITÉ de la Puiffance Eccléfiaftique & Tempo-relle, (par Louis Ellies du Pin.) *Paris*, 1707, *in-8*.
140 Traité des bornes de la Puiffance Eccléfiaftique & de la Puiffance Civile. *Amfterd. in-8. mar. r.*
141 Lettres (fur les Immunités prétendues du Clergé). *Lon-dres*, (*Paris*) 1750, *in-8*.
142 Differtation fur l'hémine de vin & la livre de pain de Saint Benoit, &c. (par D. C. Lancelot.) *Paris*, 1667, *in-12*.
143 Du voile des Religieufes, & de l'ufage qu'on en doit faire. *Lyon*, 1678, *in-12*.
144 Le Voyageur inconnu, Hiftoire curieufe & apologéti-que pour les Religieux, par Camus, Evêque de Belley. *Paris*, 1640, *in-8*. —— Apologie pour les Réguliers, ou Continuation de l'Hiftoire curieufe d'un Voyageur in-connu, par le même. *Angers*, 1656, *in-12*.

D R O I T   N A T U R E L   E T   D R O I T   C I V I L.

145 De l'Efprit des Loix, (par le Préfident de Montef-
quieu.) *Genéve*, 2 *vol. in-4.*

146 Le Droit de la Guerre & de la Paix, trad. du latin de
H. Grotius en françois, avec des notes, par J. Barbeyrac. *Amft.* 1729, 2 *vol. in-4.*

147 Les Loix Civiles dans leur ordre naturel, par J. Do-
mat. *Paris*, 1691, 6 *vol. in-4.*

D R O I T   F R A N Ç O I S.

Ordonnances, Coutumes, Arrêts & différens Traités de droit.

148 Le Code du Roi Henry IV du Droit Civil de Jufti-
nian, réduit en bon ordre, avec le Droit Civil de la
France, par T. Cormier. *Genéve*, 1698, *in-4.*

149 Coutumes générales & particulieres de France & des
Gaules, annotées par Ch. Dumoulin. *Paris*, 1615, 2
vol. in-fol.

150 Statuts & Coutumes du Pays de Provence, avec les
Glofes de L. Maff., trad. du latin en françois, par J. de
Bomy. *Aix*, 1620, *in-4. couvert en parch.*

151 Recueil de quelques Coutumes du Pays de la Provence, par le même. *Aix*, 1654, *couv. en parch.*

152 Arrêts & chofes jugées par la Cour, trad. du latin
d'Anne Robert en françois, par J. Tournet. *Rouen*,
1642, *in 4. couv. en parch.*

153 Arrêts de la Cour prononcés en robes rouges, recueillis par Jac. de Montholon. *Paris*, 1645, *in-4. couv. en
parch.*

154 Arrêts de la Cour prononcés en robes rougés fur diverfes queftions de Droit & de Coutumes, recueillis par
J. Bouguier. *Paris*, 1647, *in-4. couv. en parch.*

155 Recueil d'Arrêts donnés en la Cour de Parlement de Paris, par Cl. Henrys. *Lyon*, 1651, 2 *vrl. in-fol.*

156 Recueil d'Arrêts notables donnés en la Cour de Parlement de Paris, pris des Mémoires de Geor. Louet, revu
par Jul. Brodeau. *Paris*, 1655, 2 *vol in-fol.*

157 Queftions notables de droit, décidées par Arrêts du
Parlement, & divifées en centuries, par Cl. le Preftre.
Paris, 1663, *in-fol.*

158 Décisions notables fur diverfes queftions du Droit jugées par plufieurs Arrêts du Parlement de Touloufe, recueillies par J. de Camboles. *Toloze*, 1659, *in-fol.*

159 Recueil d'Arrêts, Déclarations & Cenfures qui ont paru en différens tems & fur diverfes matieres, dont Cenfure de la Sacrée Faculté de Théologie de Paris, contre les Impies & exécrables Parricides des Rois & des Princes. *Paris*, 1658, *&c. in-4. couv. en parch.*

160 Plaidoyers de Cl. Expilly. *Lyon*, 1651, *in-4. couv. en parch.*

161 Œuvres de Simon d'Olive Dumefnil. *Lyon*, 1656, *in-4.*

162 Traité des Donations entre vifs & teftamentaires, avec les Coutumes du Bailliage de Senlis, par J. Marie Ricard. *Paris*, 1652, 2 *vol. in-4. mar. r.*

163 Recueil général des pieces contenues au procès du Marquis de Gêvres & Mademoifelle Mafcranni fon époufe. *Rotterdam, (Paris)* 1714, 2 *vol. in-12.*

164 Recueil de Piéces concernant le Procès du P. Girard & de la Demoifelle Cadiere. *Paris*, 1731 & 1732, 2 *vol. in-fol.*

165 Statuts de la Faculté de Médecine en l'Univerfité de Paris, avec les piéces juftificatives de fes priviléges, recueillis & mis en ordre, par Den. Puylon. *Paris*, 1672, *in-4.*

SCIENCES ET ARTS.

PHILOSOPHIE.

Introduction.

166 Manuel philofophique, ou Précis univerfel des Sciences, (par Panckoucke le pere.) *Lille*, 1748, *in-12.*

167 Hiftoire de la Philofophie payenne, ou Sentimens des Philofophes & des Peuples Payens les plus célebres, fur Dieu, fur l'Ame & fur les devoirs de l'homme, par M. de Burigny. *La Haye*, 1724, 2 *vol. in-12.*

168 Hiftoire critique de la Philofophie, (par Deflandes.) *Amfterd.* 1741, 3 *vol. in-12.*

Philosophes anciens & modernes.

169 Le Banquet de Platon, trad. en françois par Racine, &
par Madame de * * *. *Paris*, 1733, *in-12.*

170 Les Hypotiposes, ou Institutions Pirroniennes de Sextus
Empiricus, trad. du grec en franç. 1725, *in-12.*

171 Les Œuvres de Sénéque de la traduction de François de
Malherbe, continuées par P. du Ryer, avec les Controverses
de Séneque, par de Lesfargues. *Paris*, 3 tomes en 6 vol.
in-fol. veau fauve.

172 Les Œuvres de René Descartes, trad. en françois. *Paris*, 1713 & *suiv.* 14 vol. *in-12.*

173 La Philosophie applicable à tous les objets de l'esprit &
de la raison, par l'Abbé Terrasson. *Paris*, 1754, *in-8.*

L o g i q u e.

174 La Logique, ou l'Art de penser, (par P. Nicole.) *Paris,*
1683, *in-12.*

175 La même ; contenant plusieurs Observations nouvelles,
Amst. 1718, *in-12.*

M o r a l i s t e s   a n c i e n s   e t   m o d e r n e s.

176 Les Caracteres de Théophraste, trad. du grec, avec les
Caracteres & les Mœurs de ce siécle, par Jean de la Bruye-
re. *Paris*, 1694, 2 tomes en 1 vol. in-12. mar. r.

177 Les mêmes Caracteres de Théophraste, trad. du grec,
par le même. *Paris*, 1720, 3 vol. in-12.

178 Pensées morales de l'Empereur Marc Antonin, trad. du
grec. *Paris*, 1658, *in-12.*

179 Réflexions de l'Empereur Marc-Aurele Antonin, surnommé le Philosophe. *Paris*, 1742, *in-12.*

180 La Morale d'Epicure, (par des Coustures). *Paris*, 1685?
in-12.

181 De la Sagesse, par Charon. *Paris*, 1664, *in-12.*

182 Le Triomphe de la Paix & de la Piété Royale, en franç.
& en espag. par le P. Cyprien, avec figures. *Paris*, 1660,
in-4. couv. en parchemin.

183 De l'Egalité des deux Sexes, Discours physique & moral
où l'on voit l'importance de se défaire des préjugés. *Paris*,
1673, *in-12.*

184 L'Art de fe connoître foi-même, ou Recherche des four-
ces de la Morale, par Jac. Abbadie. *La Haye*, 1700,
in-8.

185 Réflexions ou Sentences & Maximes morales, (par
François VI, Duc de la Rochefoucault.) *Paris*, 1675,
in-12.

186 Les mêmes. *Paris*, 1678, *in*-12.

187 Réflexions politiques & morales, (par Pegere.) *Paris*,
1717, *in*-12.

188 La véritable Grandeur d'âme, par le Marquis de * * *,
(Magnane). *Paris*, 1725, *in*-16, *mar. bl.*

189 Le Spectateur, ou le Socrate moderne, trad. de l'anglois
de R. Stéele. *Amft.* (*Paris*) 1744, 6 *vol. in*-12.

190 Le Mentor moderne, ou Difcours fur les Mœurs du Siécle, trad. de l'anglois du Guardian, d'Addiffon, Stéele,
&c. *La Haye*, 1723, 3 *vol. in*-12.

191 Penfées du Comte d'Oxenfiiern fur divers fujets. *La*
Haye, 1742, 2 *tomes en* 1 *vol. in*-12.

192 Effai de Philofophie morale, (par de Maupertuis). *Berlin*,
(*Paris*) 1749. —— *Le* * * * * *, Hiftoire Bavarde, (par M.
Bret.) *Londres*, (*Paris*) 1749. —— Hiftoire d'Alburcide,
Nouvelle Arabe. *Paris*, 1736, *in*-12.

193 Confidérations fur les Mœurs, par Duclos. (*Paris*) 1751,
in-12.

194 Les Caracteres, par M. de Puizieux, 1750, *in*-12.

195 Difcours fur l'origine & les fondemens de l'inégalité
parmi les Hommes, par J. J. Rouffeau. *Amft.* 1755, *in*-8.

195 L'Homme conduit par la Raifon. *Paris*, 1770, *in*-12.

Traités des Vertus, des Vices & des Paffions.

197 L'Art de connoître les Hommes, par de la Chambre.
Paris, 1667, *in*-12.

198 L'Homme de qualité, ou les moyens de vivre en Homme
de bien & en Homme du Monde, (par de Chalefme.) *Pa-*
ris, 1685, *in*-12.

199 L'Honnête Homme & le Scélérat ; fçavoir, fi pour parvenir dans le Monde, il faut être honnête Homme ou Scélérat, par M. J. D. D. C. *Paris*, 1699 & 1700, 2 *vol.*
in-12.

200 De l'Amitié, (par Madame Darconville.) *Paris*, 1761,
in-8.

201 Traité de la Gloire, par de Sacy. *Paris*, 1715, *in-12.*

Economie.

202 *Les Peintures morales*, où les Paffions font repréfentées par tableaux, par caracteres, &c. par le P. Pierre Le Moyne. *Paris, Cramoify*, 1640, 2 *vol. in-4. gr. pap.*

203 Le Théâtre moral de la Vie humaine, repréfenté en plus de cent tableaux divers, tirés du Poëte Horace, par Otho Venius, & expliqué par de Gomberville, avec la Table de Cebes. *Bruxelles*, 1672, *in-fol.*

204 Traité de l'embelliffement & ornemens du corps humain, pris du latin de J. Liebaut. *Paris*, 1582, *in-8. couv. en parch.*

205 L'Education des Filles, par de Fénelon. *Paris*, 1687, *in-12.*

206 De l'Indécence aux hommes d'accoucher les femmes, & de l'Obligation aux femmes de nourrir leurs enfans, (par Hecquet.) *Trévoux*, 1708, *in-12.*

207 Réflexions fur ce qui peut plaire ou déplaire dans le commerce du monde, par M. *** (de Bellegarde.) *Paris*, 1688 ; *in-12.*

208 Réflexions fur le Ridicule, & fur les moyens de l'éviter, par l'Abbé de Bellegarde. *Paris*, 1696, *in-12.*

209 Tablettes de l'homme du monde, ou Analyfe des fept qualités effentielles à former le caractere d'homme du monde accompli. *Cofmopoli*, 1715, *in-12.*

210 Effais fur la néceffité & les moyens de plaire, (par de Moncrif.) *Paris*, 1738, *in-12*

POLITIQUE.

Traités généraux de Politique.

212 Les Œuvres de Nic. Machiavel, trad. de l'italien en françois. *Rouen*, 1664, 2 *vol. in-12.*

213 Les Difcours de l'Etat de Paix & de Guerre de Nic. Machiavel, & fon Livre du Prince, trad. en françois. *Rouen*, 1579, *in-18. couv. en parch.*

214 Le Prince de Nicolas Machiavel, trad. de l'italien en françois

françois, avec des remarques, par Nic. Hamelot de la Houssaye. *Amst.* 1683, *in-12.*

215 Anti-Machiavel, ou Essai de Critique sur le Prince de Machiavel, (par M. de Voltaire.) *Amst.* 1741, *in-8.* *mar. r.*

216 Discours sur les moyens de bien gouverner & maintenir en bonne paix un Royaume, contre Nic. Machiavel. 1579, *in-12.*

217 L'Homme de Cour, trad. de l'espagn. de Balth. Gracian, avec des notes, par Nic. Abr. Amelot de la Houssaye. *Paris,* 1684, *in-4.*

218 Réflexions politiques de Balth. Gracian, sur Ferdinand le Catholique, trad. de l'espagnol en françois, avec des notes, par M. D. S. * * *. 1730, *in-4.*

219 Le Bréviaire des Courtisans, par de la Serre, avec fig. *Paris,* 1642, *in-8.*

220 Le Courtisan désabusé, ou Pensées d'un Gentilhomme qui a passé sa vie à la Cour & à la Guerre. *Paris,* 1686, *in-12.*

Traités particuliers de politique concernant les Souverains, les Princes, &c.

221 Institution d'un Prince, ou Traité des qualités, des vertus & des devoirs d'un Souverain. *Londres,* 1740, 4 *vol. in-12. mar. r.*

222 L'Horloge des Princes, avec l'Histoire de Marc Aurele, recueilli par D. Ant. de Guevare, trad. de cast. en françois, par R. B. de Grise, & revu par Nic. de Herberay sieur des Essars. *Lyon,* 1592, *in-18. mar. bleu.*

223 Gulistan de l'Empire des Roses, trad. de l'arabe de Sadi, par André Du Ryer. *Paris,* 1634, *in-8. couv. en -parch.*

224 Du Pouvoir des Souverains, & de la liberté de conscience, en deux Discours trad. du latin de Noodt, par J. Barbeyrac, avec un Discours du même Barbeyrac, sur l'utilité des Sciences. *Amst.* 1714 & 1715, *in-12.*

225 La Politique du tems, traitant de la Puissance & du Devoir des Princes, & de la Liberté des Peuples. *La Haye,* 1650, *in-12. couv. en parch.*

226 Les Devoirs des Grands, par Monseigneur Armand de Bourbon, Prince de Conty, avec son testament. *Paris,* 1666, *in-8. lav. rég. mar. r.*

C

227 Les mêmes, fans le teftament. *M. S. in-12. mar. r*

218 Déclaration de Jacques I, Roy de la Grande-Bretagne, pour le droit des Roys & indépendance de leurs Couronnes. 1615, *in-8*.

229 Réflexions politiques & hiftoriques fur l'Affaire des Princes, & autres piéces fur ce fujet ; *in-8*.

Traités particuliers du Gouvernement civil ; & de Commerce.

230 L'Ordre naturel & effentiel des Sociétés politiques (par M. de la Riviere.) *Paris*, 1767, *2 vol. in-12*.

231 La Voye libre du Citoyen, ou Obfervations fur le Gouvernement de Pologne, (par le Roi Staniflas.) 1749, *in-12*.

232 Projet de Taille tarifiée, pour faire ceffer les maux que caufent en France les difproportions dans les répartitions de la Taille arbitraire, par l'Abbé de Saint Pierre. *Paris*, 1723, *in-4*.

233 L'Ami des Hommes, (par M. le Marquis de Mirabeau.) *Avignon*, 1756, *3 vol. in-12*.

234 L'Ami des Filles (par de Graville.) *Paris*, 1761, *in-12*.

235 Dictionnaire univerfel du Commerce, par Jac. Savary, des Brulons, continué & donné par Philemon-Louis Savary. *Paris*, 1723, *2 vol. in-fol*.

236 Hiftoire des Monts de Piété, avec des réflexions fur la nature de ces établiffemens, par M. Ceretti. *Padoue*, (*Paris*) 1752, *in-12. mar. r*.

237 Examen des effets que doit produire dans le commerce l'ufage des toiles peintes, (par M. Moreau.). *Genéve*, (*Paris*) 1759, *in-8*.

Traités particuliers concernant les Ambaffadeurs, les Miniftres & la politique des Princes de l'Europe.

238 De la maniere de négocier avec les Souverains, de l'utilité des Négociations, du choix des Ambaffadeurs & des Envoyés, & des qualités néceffaires pour réuffir dans ces emplois, par de Callieres. *Paris*, 1716, *in-12*.

239 Mémoires touchant les Ambaffadeurs & les Miniftres publics, par de Vicquefort. *Cologne*, 1679, *2 vol. in-12*.

240 Le Mars François, ou la Guerre de France, en laquelle font examinées les raifons de la juftice prétendues des armes & des alliances du Roi de France, trad. du latin de (Janfénius), par (Charles Herfent.) 1637, *in-8*.

241 L'Esprit des Cours de l'Europe, contenant ce qu'il y a de plus important sur la Politique (depuis Juin 1699, jusqu'en Décembre 1710 inclusivemen.) *La Haye*, 1699 & *suiv.* 19 *vol. in-*12.

242 Les Intérêts présens des Puissances de l'Europe, fondés sur les Traités conclus depuis la paix d'Utrecht inclusivement, par J. Rousset. *La Haye*, 1734 & 1735, 14 *vol. in-*12.

243 Le Frée Holder, ou l'Anglois Jaloux de sa liberté, Essais politiques trad. de l'anglois. *Amst.* 1727, *in-*12. *br.*

244 Lettres sur l'Esprit de Patriotisme, trad. de l'anglois de Bolinbrok (par M. le Marquis de Bissy.) *Londres*, (*Paris*) 1750, *in-*8.

245 L'Observateur Hollandois (par M. Moreau.) *La Haye*, (*Paris*) 1755, 5 *vol. in-*12.

M É T A P H Y S I Q U E.

246 De la Recherche de la Vérité, où l'on traite de la nature de l'Esprit de l'homme, & de l'usage qu'il en doit faire pour éviter l'erreur dans les Sciences, par Nic. Malbranche. *Paris*, 1700, 3 *vol. in-*12.

247 L'Examen des Esprits pour les Sciences, trad. de l'espagnol de J. Huarte, par d'Alibray. *Paris*, 1675, 2 *tom.* en 1 *vol. in-*12.

248 Essai sur les Erreurs populaires, ou Examen de plusieurs opinions reçues comme vraies qui font fausses ou douteuses, trad. de l'anglois de Tho. Brown. *Paris*, 1713, 2 *vol. in-*12.

249 Traité philosophique de la foiblesse de l'Esprit humain, par M. Huet Evêque d'Avranches. *Amst.* 1723, *in-*12.

250 La Philosophie du bon Sens, ou Réflexions philosophiques sur l'incertitude des Connoissances humaines, par le Marquis d'Argens. *La Haye*, 1747, 2 *vol. in-*12.

251 L'Enfance de l'homme, ou les Bornes de l'Esprit humain, Discours. *Paris*, 1747, *in-*8. *mar. bleu.*

252 Idée de l'Homme Physique & Moral, (par M. de la Caze.) *Paris*, 1755, *in-*12.

253 De l'Ame des Bêtes, par Ant. D *** (D'Illy,) *Lyon*, 1676, *in-*12.

254 Discours de la Connoissance des bêtes, par le P. Ign. Gaston Pardies. *Paris*, 1678, *in-*12.

255 Amusement philosophique sur le langage des bêtes, (par le P. Bougean.) *Paris*, 1739, *in-*12.

C ij

Traités particuliers de la Cabale, de la Magie, &c.

256 Le Comte de Gabalis, ou Entretien fur les Sciences
fecrettes avec les Génies affiftans, les Gnomes irréconcilia-
bles ; & de nouveaux Entretiens, (par l'Abbé de Villars.)
Londres, (*Paris*) 1742, *3 vol. in-12. br.*

257 La Phyfique occulte, ou Traité de la Baguette divina-
toire (par l'Abbé de Vallemont.) *La Haye,* (*Rouen*) 1722,
2 vol. in-12. fig.

258 Hiftoire des Diables de Loudun, ou de la poffeffion des
Religieufes Urfulines : de la condamnation & du fupplice
d'Urbain Grandier. *Amft.* (*Rouen*) 1694, *in-12.*

PHYSIQUE.

259 Les Principes de la Nature, fuivant les opinions des anciens Philofophes, avec un abrégé de leurs fentimens fur
la compofition des Corps. *Paris,* 1725, *2 vol. in-12.*

260 Traité du mouvment local & du reffort, par le P. de
Chales. *Lyon,* 1682, *in-12.*

261 Le Spectacle du Feu élémentaire, par Rabiqueau. *Paris,*
1753, *in-8.*

HISTOIRE NATURELLE.

Hiftoire Naturelle univerfelle.

262 Hiftoire du Monde, trad. du latin de C. Pline en franç.
par Ant. du Pinet. *Lyon,* 1662 & 1684, *2 vol. in-fol.*

263 Le Propriétaire des chofes, tranflaté de latin en françois,
à la requête de Charles V. par J. Corbichon, de l'Ordre
de Saint Auguftin ; lequel traite moult amplement de plufieurs notables matieres. *Lyon, J. Cyber, fans date d'année, in-fol. goth. avec fig. en bois & enluminées.*

264 Hiftoire Naturelle de l'Univers, dans laquelle on rap-
porte des raifons phyfiques fur les effets les plus curieux &
les plus extraordinaires de la Nature, par Colonne, avec
fig. *Paris,* 1734, *4 vol. in-12. mar. r.*

265 Hiftoire Naturelle générale & particuliere, avec la defcription du cabinet du Roi, avec fig. (par Meffieurs de
Buffon & Daubanton.) *Paris, de l'Impr. Royale,* 1749 &
fuiv. 17 vol. in-4. v. marb. filets.

266 Lettres à un Amériquain fur l'Hiftoire Naturelle de M. de Buffon (par M. l'Abbé de Lignac.) 1751, *les 5 p. en 2 vol.*

Hiftoire Naturelle des Métaux, Minéraux, &c.

267 Traité des Métaux & des Minéraux, & des remedes qu'on en peut tirer, par Chambon. *Paris, 1714, in-12.*

268 Traité de l'Art métallique, extrait des Œuvres d'Alv. Alf. Barba, avec fig. *Paris, 1730, in-12.*

269 Mémoires fur le Laminage du Plomb, par M. Remond. *Paris, 1735, in-12. br.*

270 Les Merveilles des Indes Orientales & Occidentales, ou Nouveau Traité des Pierres précieufes & Perles, par Rob. de Berquen. *Paris, 1669, in-4. couvert en parchemin.*

Traités particuliers d'Agriculture & chofes ruftiques.

271 Secrets de la vraie Agriculture, trad. de l'italien d'Auguftin Gallo en françois par François de Belle-Foreft. *Paris, 1672, in-4.*

272 Le Nouveau Théâtre d'Agriculture, & Ménage des Champs, par le fieur Liger, avec fig. *Paris, 1723, in-4.*

273 Mémoire fur les Défrichemens (par M. de Turbilly.) *Paris, 1760.* —— Pratique des Défrichemens, (par le même.) *Paris, 1760, in-12.*

274 La Nouvelle Maifon Ruftique, avec figures. *Paris, 1721, 2 vol. in-4.*

275 Traité des Jardins, par Sauffay. *Paris, 1722, in-12.*

276 Inftructions pour les Jardins fruitiers & potagers, avec un Traité des Orangers & des Réflexions fur l'Agriculture, par de la Quintinye, avec fig. *Paris, 1730, 2 vol. in-4.*

277 Le Jardinier Solitaire, ou Dialogues entre un Curieux & un Jardinier Solitaire. *Paris, 1704, in-12.*

278 Le Calendrier des Jardiniers, qui enfeigne ce qu'ils doivent faire tous les mois de l'année, trad. de l'anglois de Bradley. *Paris, 1743, in-12.*

279 Effai fur l'Agriculture moderne, (par M. l'Abbé Nolin.) *Paris, 1755, in 12.*

280 Dictionnaire univerfel d'Agriculture & de Jardinage, de Fauconnerie, Chaffe, Pêche, Cuifine & Manége, (par M. Defbois,) avec figures. *Paris, 1751, 2 vol. in-4.*

Histoire naturelle des Plantes, Fleurs, &c.

281 Histoire des Plantes de l'Europe, &c. rangée suivant
l'ordre du Pinax de Gasp. Bauhin, (par Nic. Deville.)
Lyon, 1737, 2 *vol. in-12. fig.*

282 Abrégé de l'Histoire des Plantes usuelles, par J. B.
Chomel. *Paris*, 1739, 3 *vol. in-12.*

283 Car. Musitani Mantissa cui accessit Andr. Battimelli
Auctuarium & Hyer. Piperi corollarium. *Genevæ*, 1701,
in-8.

284 Em. Sweerti Florilegium tractans de variis floribus &
aliis indicis Plantis, ad vivum delineatum in duabus par-
tibus & IV linguis concinnatum. *Francofurti ad Mœnum*,
1612, *in-fol. gr. pap.*

MÉDECINE, CHIRURGIE ET PHARMACIE.

285 Eloge de la Médecine & de la Chirurgie, Défense de
la Médecine contre les Calomnies de Montagne, &c. trad.
du hollandois du sieur Beeverwyk, par Me de Zoutelandt.
Paris, 1730, 2 *tom. en* 1 *vol. in-12.*

286 De la Sobriété & de ses avantages, ou le vrai Moyen
de se conserver dans une santé parfaite jusqu'à l'âge le
plus avancé; trad. nouv. de Lessius & de Cornaro, avec
des notes par M. D. L. B. *Paris*, 1772, *in-12.*

287 Traité des Alimens, par l'Emery. *Paris*, 1709,
in-12.

288 L'Abstinence de la Viande rendue aisée, par Barth. Li-
nand. *Paris*, 1700, *in-12.*

289 Secrets utiles & éprouvés dans la pratique de la Médecine & de la Chirurgie, pour conserver la santé. *Paris*,
1742, *in-12.*

290 Dictionnaire Médecinal, par J. G. *Paris*, 1757, *in-12.*

291 Recueil des remedes faciles & domestiques pour toutes
sortes de maladies, par Madame Fouquet. *Paris*, 1739, 2
vol. in-12.

292 Traité des Maladies les plus fréquentes, & des Remedes pour les guérir, par Helvétius. *Paris*, 1707, *in-12.
mar. r.*

293 Le même. *Paris*, 1724, 2 *vol. in-8.*

294 La Médecine, la Chirurgie & la Pharmacie des pau-

vres, par Phil. Hecquet, avec des notes de Boudon. *Paris*, 1742, 3 *vol. in-12.*

295 Differtation Phyfico-Medicale fur les caufes de plufieurs maladies dangereufes, & fur les propriétés d'une liqueur purgative & vulnéraire, par Cl. Chevalier. *Paris*, 1758, *in-12. v. f. tr. dor.*

296 Anti-loimie, ou Contre-Pefte, Œuvre Chirurgicale qui traite des moyens de préferver & de guérir de la maladie peftilentielle, par J. Roland. *Paris*, 1630, *in-12.*

297 Hiftoire de la derniere Pefte de Marfeille, (par Martin.) *Paris*, 1732, *in-12. mar. citron.*

298 Guérifon de la Paralyfie, par l'Electricité, par M. l'Abbé Sans. *Paris*, 1772, *in-12. mar. r.*

299 Traité de la Tranfpiration des Humeurs, (par Cufac.) *Paris*, 1682, *in-12.*

300 Nouvelles Découvertes en Médecine, par Thiers de Marconnay. *Paris*, 1727, *in-12.*

301 Expériences utiles & curieufes concernant la Médecine, la Métallique, l'Œconomique, &c. par le Crom. *Paris*, 1718, *in-12.*

302 Le Chirurgien d'Hôpital, par Bellofte. *Paris*, 1734, 2 *vol. in-12.*

303 Obfervations fur l'Art des Accouchemens, par M. Bichet. *Paris*, 1758, *in-12.*

304 Dictionnaire univerfel des Drogues fimples, par Nic. Lemery, avec figures. *Paris*, 1733, *in-4.*

305 Pharmacopée univerfelle, par le même. *La Haye*, 1729, *in-4.*

306 Recherches fur les vertus de l'eau de goudron, trad. de l'anglois de Georges Berkeley (par Boullier.) *Amft. (Paris)* 1745, *in-12.*

C H Y M I E.

307 Cours de Chymie, par Nic. Lemery. *Paris*, 1730, *in-8.*

308 Chymie du Goût & de l'Odorat, ou Principes pour compofer facilement & à peu de frais les Liqueurs & les Eaux de fenteurs, avec fig. (par le P. Poncelet.) *Paris*, 1755, *in-8.*

A L C H Y M I E,
Ou Philofophie & Medecine hermétique, qui eft la Science de la Tranfmutation des Métaux, &c.

309 Hiftoire de la Philofophie Hermétique, avec un Catalo-

gue raiſonné des Ecrivains de cette Science (par l'Abbé Lenglet Dufreſnoy.) *Paris* 1742, 3 *vol. in*-12.

310 Dictionnaire Hermétique, contenant l'explication des termes, fables, énigmes emblêmes & manieres de parler des vrais Philoſophes. *Paris*, 1695, *in*-12.

311 Le Tombeau de la Pauvreté, dans lequel il eſt traité clairement de la Tranſmutation des Métaux, &c. *Paris*, 1681, *in*-18.

312 Médecine ſur le Noſtoch, ou *Flos Cœli*, manuſcrit *in*-4. couvert en parchemin.

MATHÉMATIQUE.

313 Mémoires de Mathématique & de Phyſique, tirés des Regiſtres de l'Académie des Sciences. *Paris*, *de l'Imprimerie Royale*, 1692 & 1693, *in*-4.

314 Mémoires de Mathématique & de Phyſique, par de la Hire. *Paris*, *de l'Imprimerie Royale*, 1694, *in*-4.

315 Récréations mathématiques & phyſiques, par Ozanam, avec fig. *Paris*, 1741, 4 *vol. in*-8.

316 Les Comptes faits par Barême. *Paris*, 1723, *in*-12.

ASTRONOMIE.

317 Hiſtoire générale & particuliere de l'Aſtronomie, par Eſteve. *Paris*, 1755, 3 *vol. in*-12.

318 L'Uſage des Ephémérides, avec la méthode de dreſſer & corriger toutes ſortes de figures céleſtes, &c. par Antoine de Villon. *Paris*, 1624, *in*-8.

319 And. Argoli Ephemerides, ab anno 1641, ad annum 1700. *Lugduni*, 1677, 3 *vol. in* 4.

320 Ephémérides des Mouvemens céleſtes, depuis 1701 juſqu'en 1714 inclus; par de Beaulieu. *Rouen*, 1701, & *Paris*, 1703, 2 *vol. in* 4.

321 Ephémérides des Mouvemens céleſtes pour les années 1703 juſqu'en 1725, par Deſplaces. *Paris*, 1716, *in*-4.

322 La Figure de la Terre, déterminée par les Obſervations de de Maupertuis & autres Académiciens, par de Maupertuis. *Paris*, 1738, *in*-8. *mar. r.*

Aſtrologie

Aſtrologie judiciaire, & Traités des Nativités, des Songes,
Prédictions, &c.

323 Des Elémens & Principes d'Aſtronomie, ou Traité d'Aſtrologie judiciaire, trad. en franç. par Richard Rouſſat.
Paris, 1552, in-8. couvert en parchemin.

324 Les Aphoriſmes d'Aſtrologie, (par L. Meyſſonnier.)
Lyon, in-12. couv. en parch.

325 Tabulæ primi mobilis Andr. Argoli quibus veterum re-
jeſtis prolixitatibus directiones facillimè componuntur. *Ro-
mæ, 1610, in-4. couv. en parch.*

326 Les Tables des directions & profections de Jean de
Mont Royal, & leur uſage, trad. de latin en françois,
avec des annotations & augmentations, par D. Henrion.
Paris, 1626, in-4.

327 La Chiromance & Phyſiognomie, par le regard des
Membres de l'Homme, faite par J. Indagine, & mis en
françois par Ant. Dumoulin. *Rouen, 1638, in-12. couv.
en parchem. fig.*

328 J. B. Portæ, de humanâ Phyſionomiâ libri IV, cum
figuris. *Rothomagi, 1650, in 8.*

329 H. Cardani Metopoſcopia libri XIII, & Octogentis fa-
ciei humanæ iconibus complexa. *Lutet. Pariſ. 1658, in-
fol. couv. en parch.*

330 Œuvres de J. Belot, Profeſſeur aux Sciences divines &
céleſtes. *Liége, 1704, 3 parties en 1 vol. in-12.*

331 Traité Aſtrologique des Jugemens des Thêmes géné-
tliaques pour tous les accidens qui arrivent à l'Homme
après ſa naiſſance, trad. en françois par Jac. Alleaume,
& augmenté par Alex. Baulgite. *Paris, 1657, in-8.*

332 Recueil de Nativités, Thêmes céleſtes, ou de figures
d'Aſtrologie qui contiennent l'horoſcope de pluſieurs perſonnes illuſtres de différentes Nations & de différens tems;
manuſcrit in-4. couv. en parch.

333 Recueil de quelques Nativités violentes, avec des régles ou aphoriſmes pour juger de la mort violente; *manuſcrit in-4. couv. en parch.*

334 La Géomance de Chriſt. de Cattan. *Paris, 1558, in-
4. fig.*

335 Géomance Aſtronomique de Gérard de Crémone, pour
ſavoir les choſes paſſées, préſentes & futures, trad. en
françois par de Salerne. *Paris, 1669.* —— Géomancie &

Nomancie des Anciens, la Nomancie Cabaliſtique, avec l'Heure du Berger, trad. par le même. *Paris*, 1669, *in-12.*

336 Tractatus de Gradu horoſcopante, auctore Joſepho de Tertiiſortus. *Paris*, 1690, *in* 8.

337 Prédictions du grand & ſublime Docteur Théophraſte Paracelſe, trad. en françois, avec des remarques par M. Chriſtallin, Commis de la Bibliothéque de M. le Duc en 1712 ; *manuſcrit in-4.*

ARCHITECTURE, PEINTURE, &c.

338 Cours d'Architecture de Vignole, avec des commentaires & l'explication des termes qui concernent l'Art de bâtir, par A. C. Daviller, avec figures. *Paris*, 1691, 2 *vol. in-4.*

339 Les cinq Rangs de l'Architecture, à ſçavoir, Toſcane, Dorique, Ionique, Corinthiaque, & compoſée, avec l'inſtruction fondamentale faite par Henr. Hondius, & quelques Ordonnances d'Architecture de J. Vredeman Friſon, taillées par Hondius. *Amſt.* 1617, *in-fol. fig. couv. en parch.*

340 Livre d'Architecture de Jac. Androuet Du Cerceau. *Paris*, *in fol. fig.*

341 Maniere de bien bâtir pour toutes ſortes de perſonnes, par P. le Muet. *Paris*, 1647, *in-fol. fig.*

342 Catalogue raiſonné des Tableaux, Deſſeins, Eſtampes & autres effets curieux, après le décès de M. de Julienne, par P. Remy. *Paris*, 1767, *in-12. br.*

343 Livre de divers Ornemens pour Platfonds, Ceintres ſurbaiſſés, Galeries & autres, de l'invention de J. Cotelle. *Paris*, *in-fol. gr. pap.*

344 L'Eſprit des Beaux-Arts. *Paris*, 1753, 2 *tom. en* 1 *vol. in-12.*

ARTS DIFFÉRENS.

345 Extrait de la premiere partie de l'Art de la Guerre du Maréchal de Puyſegur, par M. le Baron de Traverſe. *Paris*, 1752, *in-12.*

346 Le petit Dictionnaire du temps, pour l'intelligence des nouv. de la guerre, par l'Amiral. *Paris*, 1747, *in-12.*

347 Le même. *Paris*, 1757, *in-12.*

348 Eſſai ſur de nouvelles Découvertes intéreſſantes pour

lés Arts, l'Agriculture & le Commerce, par M. la Rou-
viere. *Paris*, 1770, *in-12.*
349 Secrets concernant les Arts & Métiers. *Rouen*, 1724,
4 *vol. in-12.*

BELLES-LETTRES.

INTRODUCTION.

350 DE la maniere d'enseigner & d'étudier les Belles-
Lettres par rapport à l'esprit & au cœur, par Rollin. *Paris*,
1741, 4 *vol. in-12.*
351 Supplément au Traité de la maniere d'enseigner & d'étudier les Belles-Lettres, par le même. *Paris*, 1734, *in-12.*

GRAMMAIRES ET DICTIONNAIRES.

352 Roberti Stephani Dictionnarium latino-gallicum. *Lutetiæ*,
1561, *in-fol.*
353 Jot. Langii Florilegium magnum, seù Polyanthea, ex
editione Franc. Sylvii. *Lugduni*, 1659, *in-fol. veau fauve*,
filets.
354 Les Etymologies de plusieurs mots françois, contre les
abus de la Secte des Hellénistes du Port-Royal, par le
P. Philippe Labbe, 1661, *in-12.*
355 Exercices de l'Esprit, pour apprendre l'art de bien parler
& bien écrire en françois, par J. B. Jobard. *Paris*, 1675,
in-12. mar.
356 Le génie, la politesse, l'esprit & la délicatesse de la
Langue Françoise; nouvelles Remarques, &c. *Paris*, 1705,
in-12. couvert en parch.
357 Synonimes françois, par Lab. Girard. *Paris*, 1740,
in-12. mar. dent.
358 Les Agrémens du Langage, réduits à leurs principes.
Paris, 1718, *in-12.*
359 La Langue. *Paris*, 1750, *in-12.*
360 Traité de la Diction, par M. Esteve. *Paris*, 1755, *in-12.*
361 Dictionnaire général & curieux contenant les principaux
mots de la Langue françoise, leurs définitions, divisions &
étymologies, par César de Rochefort. *Lyon*, 1685, *in-fol.*
veau fauve, filets.

D ij

362 Dictionnaire de la Langue françoise, par P. Richelet. *Lyon*, 1728, 3 *vol. in-fol.*

363 Dictionnaire de l'Académie Françoise. *Paris*, (*Holl.*) 1695, 2 *vol. in-fol.*

364 Dictionnaire des Arts & des Sciences, par Messieurs de l'Académie Françoise. *Amst.* 1696, 2 *tomes en* 1 *vol. in-fol. servant de troisiéme & quatriéme vol. au Livre précédent.*

365 Dictionnaire Universel françois & latin, (tiré de celui d'Antoine Furetiere, avec les augmentations données par les Jésuites & ensuite par plusieurs Gens de Lettres, vulgairement appellé Dictionnaire de Trévoux.) *Paris*, 1743, 6 *vol. in-fol.*

366 Le même. *Paris*, 1752, 7 *vol. in-fol.*

367 Dictionnaire du vieux Langage françois, par M. Lacombe. *Paris*, 1766, *in-8.. br.*

368 Dictionnaire comique, satyrique, critique, burlesque, libre & proverbial, par Phil. Jos. le Roux. *Lyon*, 1752, *in-8.*

369 L'Art de parler allemand, par le sieur Léopold. *Paris*, 1696, 2 *vol. in-12.*

370 Nouvelle Méthode pour apprendre la Langue Allemande, par le moyen de la Françoise. *Strasbourg*, 1711, *in-12. br. en cart.*

ORATEURS.

371 Philippiques de Démosthene, avec des remarques (par Tourreil.) *Paris*, 1701, *in-4.*

372 Philippiques de Démosthene, & Catilinaires de Cicéron, trad. en françois, avec le latin, par l'Abbé d'Olivet. *Paris*, 1736, *in-12.*

373 Entretiens de Cicéron sur la nature des Dieux, trad. en françois, avec le latin, par le même, avec des remarques du Président Bouhier sur le texte de Cicéron. *Paris*, 1732, 2 *vol. in-12.*

374 Tusculanes de Cicéron, sur le mépris de la mort, trad. en françois avec le latin, par le même, accompagné des remarques de M. le Président Bouhier. *Paris*, 1732, *in-12.*

375 Lettres de Cicéron à Atticus, trad. en françois, le latin à côté, avec des remarques par L. Mongault. *Paris*, 1714, 6 *vol. in-12.*

POETES GRECS.

376 L'Iliade d'Homere, trad. en françois (par de la Valterie.) *Paris*, 1699, 2 *vol. in-*12. *v. f. tr. dor.*

377 L'Odiſſée d'Homere, trad. en françois, par le même. *Paris*, 1681, 2 *vol. in-*12. *mar. r. doub. de mar.*

378 Les Nuées d'Ariſtophane, trad. en françois; manuſcrit *in-*4.

379 Les Poëſies d'Anacréon & de Sapho, trad. en vers françois, avec des remarques (par de Longe-Pierre.) *Paris*, 1684, *in-*12. *mar. r. lav. regl. doub. de mar.*

380 Traduction nouvelle des Odes d'Anacréon en vers françois, avec des remarques par de la Foſſe, & quelques Poëſies du Traducteur. *Paris*, 1704, *in-*12.

POETES LATINS.

381 Les Comédies de Plaute, trad. en franç. avec des remarques & le latin à côté, par Michel de Marolles. *Paris*, 1658, 4 *vol. in-*8.

382 Les Comédies de Térence, trad. en françois, avec des remarques par Madame Dacier. *Paris*, 1688, 3 *vol. in-*12. *mar. r.*

383 Les Comédies de Térence, trad. en françois; *manuſc.* 3 *vol. in-fol.*

384 Lucrece, de la Nature des Choſes, trad. en françois, avec des remarques, & le latin à côté, par le Baron des Coutures. *Paris*, 1708, 2 *vol. in-*12.

385 Les ſix premiers livres de l'Enéide de Virgile, trad. en françois, avec des remarques par de Segrais, & une diſſertation de Bochard ſur la queſtion, ſi Enée a jamais été en Italie. *Paris*, 1668, *in-*4.

386 Trad. des Eglogues de Virgile en vers. *Beſiers*, 1701, *in-*12. *mar. r.*

387 Les Géorgiques de Virgile, trad. en françois par de Martignac; *manuſc. in-*4.

388 Les Œuvres d'Horace, trad. en françois par l'Abbé de Marolles. *Paris*, 1652, 2 *vol. in-*8.

389 Œuvres d'Horace, trad. en françois, avec des remarques (par Dacier.) *Paris*, 1681, 10 *vol. in-*12.

390 Les Œuvres d'Horace, trad. en vers françois par l'Abbé Pellegrin. *Paris*, 1715, 2 *vol. in-*8.

391 Les Poéfies d'Horace, trad. en françois, avec des remarques, & le latin à côté, par le P. Sanadon. *Paris*, 1728, 2 *vol. in*-4.

392 Métamorphofes d'Ovide en rondeaux (par de Benferade,) enrichis de figures (de Fr. Chauveau & Séb. le Clerc.) *Paris*, *de l'Imp. Royale*, 1676, *in*-4. *gr. pap.*

393 Les Métamorphofes d'Ovide, trad. en françois par P. Du Ryer, avec fig. *Paris*, 1676, 3 *vol. in*-12.

394 Les Métamorphofes d'Ovide, trad. en françois, avec des Explications par l'Abbé de Bellegarde, avec fig. *Paris*, 1701, 2 *vol. in*-8.

395 Les Epîtres d'Ovide, trad. en vers françois par de Meziriac. *Bourg en Breffe*, 1632, *in*-8.

396 L'Art d'aimer d'Ovide, avec les Remedes d'Amour. *Paris*, 1666, *in*-12.

397 L'Ovide en belle humeur, par d'Affoucy, enrichi de figures burlefques. *Paris*, 1650, *in*-4. *couvert en parch.*

398 Les Fables de Phédre trad. en vers françois, avec des notes & le texte à côté, par Denife. *Paris*, 1708, *in*-12.

399 La Thébaïde de Stace, trad. en françois avec des remarques, par l'Abbé de Marolles. *Paris*, 1658, 3 *vol. in*-8.

400 Les Satyres de Juvénal en vers françois, par Denys Challine Avocat. *Paris*, 1753, *in*-12.

401 Recueil de plufieurs pieces choifies, trad. de plufieurs Poëtes Latins en vers françois, par Nicole, avec les Satyres de Perfe, trad. en vers françois, par le même. *Paris*, 1656, *in*-12. *couv. en parch.*

P O E T E S　F R A N Ç O I S.

Collections & Extraits des Poëtes François.

402 Differtation fur la Poëfie paftorale, ou de l'Idylle & de l'Eglogue, par l'Abbé Geneft. *Paris*, 1707, *in*-12. *mar r.*

403 Le Parnaffe des plus excellens Poëtes de ce temps, ou les Mufes Françoifes, par d'Efpinelle. *Paris*, 1607, *in*-12.

404 Les Délices de la Poëfie Françoife, ou Recueil des pius beaux vers de ce temps. *Paris*, 1618, *in*-12.

405 Recueil des plus belles Epigrammes des Poëtes François, depuis Marot jufqu'à préfent, &c. par Richelet. *Paris*, 1698, 2 *vol. in*-12.

406 Recueil de Poëtes Gafcons. *Amft.* 1700, 2 *vol. in*-12.

Poëtes François du premier âge, depuis l'origine de la Poësie Françoise jusqu'à Clément Marot.

407 Le Roman de la Rose (par J. de Meun, dit Clopinel.) *in-fol. manuscrit du treizieme siecle, avec migniatures.*

408 Le même, par Guill. de Loris & J. de Meun, dit Clopinel, avec un Glossaire & un Supplément au Glossaire (par l'Abbé Lenglet Dufresnoy.) *Paris, 1736 & 1737, 4 vol. in-12. br.*

409 Les Poësies de Guill. Coquillart. *Paris, 1723, in-12.*

410 Les Œuvres de François Villon. *Paris, 1723, in-12.*

411 Les Poësies de Martial de Pâris dit d'Auvergne. *Paris, 1724, 2 vol. iu-12.*

412 La Légende de Mᶜ Pierre, Faifeu en vers par Charles Bourdigné. *Paris, 1723, in-12.*

413 Les Poësies de Guill. Cretin. *Paris, 1723, in-12.*

Poëtes François du deuxieme âge, depuis Clément Marot jusqu'à Malherbe.

414 Œuvres de Clément Marot, avec celles de J. Marot & de Mich. Marot. *La Haye, 1731, 6 vol. in-12.*

415 Les Œuvres de P. de Ronsard. *Paris, 1623, 2 vol. in-fol. v. f. filets.*

> Tome I contenant les Amours de Ronsard, les Vers d'Eurymédon, & Callyrée, Sonnets, Odes, la Franciade, le Bocage Royal, Eglogues, & les Mascarades.
> Tome II, Elégies, Hymnes, Poëmes, Epigrammes, Discours des Miseres de ce tems, Remontrance au Peuple de France, Réponse à quelque Ministre, Epitaphes, Sonnets, Odes, Hymnes, Mascarades, Fragmens, Vie & Tombeau de Ronsard, son Oraison funebre, & Ode Pindarique contre les Médifans de ses Œuvres.

416 Les Œuvres de Guillaume de Salluste du Bartas. *Paris, 1611, in-fol.*

Poëtes François du troisieme âge, depuis Malherbe jusqu'à nos jours.

417 Les Poësies Françoises de François de Malherbe, avec les Observations de Ménage. *Paris, 1666, in-8.*

418 Les Chevilles de Me Adam Menuisier de Nevers. *Paris*, 1644, *in*-4.

419 Les Œuvres de Maynard. *Paris*, 1646. *in*-4.

420 Les Poësies de Gombauld. *Paris*, 1646, *in*-4. *couvert en parchemin.*

421 Saint Paul, Poëme Chrétien, par Ant. Godeau. *Paris*, 1654, *in*-12.

422 La Pucelle, ou la France délivrée, Poëme héroïque, par Chapelain, avec des figures gravées par Boße. *Paris*, 1656, *in-fol.*

423 La même, avec fig. *Paris*, 1657, *in*-12.

424 Clovis, ou la France Chrétienne, Poëme héroïque, par J. Desmarets, avec figures. *Paris*, 1657, *in*-4.

425 Diverses Poësies de J. Regnault de Segrais. *Paris*, 1658, *in*-4.

426 Les Œuvres de Saint-Amant. (*Orléans*) *Paris*, 1661, *in*-12.

427 Stances Chrétiennes sur divers passages de l'Ecriture Sainte & des Peres (par l'Abbé Testu.) *Paris*, 1669, *in*-8. *mar. r.*

428 Œuvres de J. de la Fontaine. *Anvers* (*Paris*) 1726, 3 *vol. in*-4. *gr. pap. veau fauve, tr. dor.*

429 Fables choisies mises en vers par le même, avec un Commentaire par Coste. *Paris*, 1752, 2 *vol. in*-12.

430 Fables de J. de la Fontaine, ornées de figures dessinées & gravées par Messieurs Oudry, Dupuis & Cochin fils (édition donnée par M. de Montenot.) *Paris*, 1755 & *suiv.* 4 *vol. in-fol. gr. pap. mar. r. aent.*

On croit devoir assurer que cet exemplaire est des premiers de ce Livre donné par souscription, en ce que les volumes ont été reliés au fur & mesure de leur livraison.

431 Œuvres d'Etienne Pavillon. *La Haye*, 1715, *in*-8.

432 Les mêmes. *Paris*, 1720, *in* 8.

433 Œuvres diverses de Boileau. *Paris*, 1694, 2 *vol. in*-12. *mar. rouge.*

434 Les mêmes. *Paris*, 1701, *in*-4. *fig.*

435 Les mêmes, avec des éclaircissemens historiques donnés par Cl. Brossette, & des figures gravées par Bernard Picart. *Amst.* 1718, 2 *vol. in-fol. mar. r. dent.* édition rare & recherchée; la premiere qui ait été donnée avec les figures du célebre Picart.

Tome I

Tome I contenant les Satyres, les Epîtres, l'Art Poétique, le
Lutrin, Odes, Epigrammes & autres Poésies
Tome II, le Traité du Sublime, Réflexions critiques sur quel-
ques passages de Longin, les Héros de Roman, Dialogues,
Lettres, Dissertations sur le Joconde, Préfaces diverses.

436 Les mêmes. *Amst.* (*Rouen*) 1721, 4 *vol. in-12.*

437 Le Poëte sans fard, ou Discours satyriques en vers,
par le S. G. (Gaçon.) *Cologne*, 1696, *in-12.*

438 Œuvres diverses de Vergier. *Amst.* (*Rouen*) 1731, 4
vol. in-12. br.

439 Œuvres diverses de l'Abbé de Chaulieu & de M. de
la Fare. *Amst.* 1733, 2 *vol. in 8.*

440 Poësies de Bernard de la Monnoye, avec son Eloge,
par M. S***. (Salengre.) *La Haye*, 1716, *in-8.*

441 Noels Bourgignons de Gui Barozay, avec un glossaire
par de la Monnoye. *Ai Dioni, Dijon*, 1720, *in-8.*

442 Fables nouvelles, par Ant. Houdart de la Motte, avec
des figures dessinées par Gillot. *Paris*, 1719, *in-4. gr.
pap.*

443 Les Œuvres de Rousseau. *Rotterd.* 1712, 3 *vol. in-12.*

444 Les mêmes. *Amst.* 1726, 3 *vol. in-12.*

445 Odes Morales sur plusieurs Vérités de la Religion, &c.
par le P. D. Bernard. *Paris*, 1722, *in-12.*

446 Le Vice puni ou Cartouche, Poëme, (par Grandval
le pere.) *Anvers*, (*Paris*) 1735, *in-8. mar. r.*

447 La Ligue, ou Henry le Grand, par Fr. Arrouet de
Voltaire. *Genéve*, 1723, *in-8.*

448 La Henriade, (par le même) nouvelle édition. *Londres*,
1730, *in-8.*

449 Poësies diverses du P. Du Cerceau. *Amst.* (*Rouen*)
1751, 2 *vol. in-12.*

450 La Religion, Poëme, par Louis Racine le fils. *Paris*,
1742, *in-12. mar. r. dent.*

451 Poëme sur la Grace, par le même. *Paris*, 1722, *in-8.*

452 Les Œuvres de Gresset. *Genéve*, (*Paris*) 1743, *in-12.
br.*

453 Les mêmes. *Londres*, (*Orléans*) 1751, 2 *vol. in-12.*

454 Fables choisies & nouvelles, mises en vers par Richer.
Paris, 1744, *in 8. mar. bl.*

455 Odes sur Lisbonne & sur les Causes physiques des trem-
blemens de terre de 1755, par M. le Brun. *La Haye*,
(*Paris*) 1756, *in-8.*

E

POETES DRAMATIQUES FRANÇOIS.

Introduction au Théâtre François.

456 Recherches sur les Théâtres de France, depuis l'an 1161 jusques à présent, par Godard de Beauchamps. *Paris*, 1735, *in-4. gr. pap.*

457 De la Réformation du Théâtre, par Louis Riccoboni. 1743, *in-12.*

458 Observations sur la Comédie & sur le Génie de Moliere, par le même. *Paris*, 1736, *in-12.*

459 J. J. Rousseau à M. d'Alembert sur l'article GENEVE dans l'Encyclopédie. *Amst.* 1758, *in-8.*

Mysteres & Pieces de l'ancien Théâtre des Confreres de la Passion, &c.

460 Le Mystere du Vieil Testament par personnages, joué à Paris, historié & imprimé nouvellement. *Paris*, *in-4. goth. mar. r.*

461 Le Mystere de la Passion de N. S. par personnages, (par J. Michel.) *Paris*, *in-4. goth. mar. r.*

462 Le Triumphant Mystere des Actes des Apôtres, translaté fidelement à la vérité historiale écrite par S. Luc à Théophile, illustré des légendes autentiques & Vies des Saints, & représenté par personnages. *Paris*, *Nic. Couteau*, 1537, 2 tom. en 1 vol. in-fol. goth. fig. lav. régl.

On croit devoir prévenir qu'il y a dans cet exemplaire quelques feuillets manuscrits; mais en petit nombre, d'une écriture si belle, & qui imite si parfaitement l'impression gothique de l'Ouvrage, que cela ne peut être regardé que comme une légere défectuosité.

463 La Farce de Me Pierre Pathelin, avec son testament à quatre personnages. *Paris*, 1723, *in-12.*

Théâtre François du second & troisiéme âge, jusqu'à Corneille, & même du quatriéme.

464 Les Œuvres & Meslanges Poétiques d'Est. Jodelle, sieur du Lymodin. *Paris*, 1583, *in-12. petit pap. couv. en parchemin.*

465 Tragédies de Robert Garnier. *Rouen*, 1612, *in-*12. v.
éc. fil.

466 Les Visionnaires, Comédie, par Desmarets. *Paris*,
1676, *in-*12.

467 La Femme Juge & Partie, Comédie, par Mont-Fleury.
Paris, 1680, *in-*12.

468 Recueil de piéces de l'ancien Théâtre François; 50 *vol.*
in-4. mar. bleu.

> Tome I contenant six piéces de divers Auteurs; Aricidie, Tragi-Comédie de Levert; Aristotime, Tragédie, du même; L'Innocent exilé, T. C. de Provais; Coriolan, T. de Chapoton; La Grande Journée des Machines, du même; La Philis de Scire, imitée de l'italien, par du Cros, avec ses diverses Poésies.
>
> Tome II, six piéces de Gillet; L'Art de régner, T. C. Le Triomphe des cinq Passions, T. C. La Mort de Valentinian & d'Isidore, T. La Quixaire, T. C. La Belle Policrite, T. C. Sigismond Duc de Varsau, T. C.
>
> Tome III, six piéces de Mairet; Le Grand & dernier Soliman, T. L'Illustre Corsaire, T. C. La Sophonisbe, T. La Virginie, T. C. Les Galanteries du Duc d'Ossone, C. Le Roland Furieux, T. C.
>
> Tome IV, six piéces de divers Auteurs; Le Jugement de Pâris, T. C. de Sallebray; L'Amante Ennemie, T. C. du même; La Troade, T. C. du même; La Comédie des Tuilleries des cinq Auteurs; L'Aveugle de Smyrne, T. C. des mêmes; La Belle Egyptienne, T. C. de Sallebray.
>
> Tome V, cinq piéces de Desmarets; Roxane, T. C. Scipion, T. C. Europe, C. Héroïque; Les Visionnaires, C. Aspasie, T. avec les Œuvres Poétiques du même.
>
> Tome VI, six piéces de divers Auteurs; Le Mausolée, T. C. de Mareschal; Le Dictateur Romain, T. du même; Le Railleur, ou la Satyre du tems, C. du même; Le Véritable Capitan Matamore, C. du même; Le Capitan, ou le Miles gloriosus, C. imitée de Plaute; Oromazes Prince de Perse, C. de Cadet.
>
> Tome VII, six piéces de divers Auteurs; Les Véritables Freres Rivaux, T. C. de Chevreau; L'Avocat dupé, C. du même; La Lucrece Romaine, T. du même; Le Ravissement de Proserpine, T. de Claveret; La Mort d'Agrippine, T. de Cyrano de Bergerac; Le Pédant joué, C. du même; & Œuvres Poétiques de Chevreau.
>
> Tome VIII, six piéces de Boyer; La Porcie Romaine, T. Ulysse dans l'Isle de Circée, T. C. Tiridate, T. Aristodême, T. Porus, ou la Générosité d'Alexandre, T. Jephté, T.
>
> Tome IX, six piéces de divers Auteurs; Thomas Morus, T. de Puget de la Serre; Le Martyre de Sainte Catherine, T. du même; Climene, T. C. du même; Hyppolite, ou le Garçon insensible, T. de Gilbert; Sémiramis, T. du même. Rodogune, T. C. du même.

Tome X, six piéces de divers Auteurs ; Clarimonde, de Baro ; Saint Eustache Martyr, T. du même ; La Parthénie, T. du même : Les Illustres Fous, C. de Beys ; L'Hôpital des Fous, T. C. du même ; Les Jaloux sans sujet, T. C. du même.

Tome XI, trois piéces de Jodelle ; L'Eugene, C. Cléopâtre Captive, T. Didon se sacrifiant, T. avec les Œuvres & Mélanges Poétiques du même.

Tome XII, six piéces de divers Auteurs ; Le Galimatias, T. C. de De Rosieres de Beaulieu ; L'Eunuque, C. de Jean de la Fontaine ; Le Clarionte, T. C. de De la Calprenede ; Le Comte d'Essex, T. du même ; Phalante, T. du même ; La Mort de Mithridate, T. du même.

Tome XIII, six piéces de divers Auteurs ; Le Mariage d'Oroondate, T. C de Magnon ; Artaxerce, T. du même ; Séjanus, T. du même ; Tamerlan & Bajazet, T. du même ; Josaphat, T. C. du même ; Balde, T de Jobert.

Tome XIV, six piéces de divers Auteurs ; Le Fils désavoué, T. C. de Guérin de Bouscal ; La Mort de Brute & de Porcie, T. du même ; Cléomene, T. du même ; Le Prince rétabli, T. C. du même ; L'Innocent malheureux, ou la mort de Crispe, T. de Grenaille ; L'Inceste supposé, T. C. de la Caze.

Tome XV, six piéces de divers Auteurs ; Alcyonée, T. de Du Ryer ; Dynamis, T. C. du même ; Anaxandre, T. C. du même ; Gustaphe, T. C. de Benserade ; La Mort d'Achille, T. du même ; Iphis & Jante, C. du même.

Tome XVI, six piéces de divers Auteurs ; Les Soupçons sur les apparences, Héroï-Comédie de Metel d'Ouville ; Le Duelliste malheureux, T. C. Les Morts vivans, T. C. de d'Ouville ; Le Grand Selim, T. de Le Vayer de Boutigny ; L'Illustre Olympie, ou Saint Alexis, T. de Desfontaines ; L'Amante Vindicative, Poëme Dramatique de Baro.

Tome XVII, sept piéces de Desfontaines ; Bélisaire, T. C. Orphise, ou la Beauté persécutée, T. C. Le Prince Hermogene, T. C. La Véritable Sémiramis, T. La vraie suite du Cid, T. C. Eurymédon, ou l'Illustre Pirate, T. C. Le Martyre de Saint Eustache, T.

Tome XVIII, six piéces de divers Auteurs ; Alinde, T. de La Mesnardiere ; Cariste, Poëme Dramatique de Baro ; Les fausses Vérités, C. de d'Ouville ; La Florimonde, C. de Rotrou ; Le Carnaval de Venise, C. de D'Ancour ; Prologue & Divertissement pour la Tragédie de Circé, par le même.

Tome XIX, six piéces de P. Corneille ; Andromede, T. La Suivante, C. L'Illusion Comique, C. Nicomede, T. Melite, ou les fausses Lettres, C. La Place Royale, C.

Tome XX, six piéces de P. Corneille ; Le Cid, T. C. Horace, T. Cinna, T. Polieucte, T. La mort de Pompée, T. Rodogune, T.

Tome XXI, six piéces de P. Corneille ; Héraclius, T. D. Sanche d'Arragon, C. Héroïque ; Théodore, Vierge & Martyre, T. Chrétienne ; Médée, T. Le Menteur, C. La suite du Menteur, C.

Tome XXII, six piéces de Metel d'Ouville ; La Dame Suivante, C. Les Trahisons d'Arbiran, T. C. Aimer sans savoir qui, C. Jodelet Aftrologue, C. L'Efprit Follet, C. L'Abfent chez foi, C.

Tome XXIII, quatre piéces de Scudery; Didon, T. L'Amant Libéral, T. C. L'Amour Tyrannique, T. C. Axiane, T. C. avec l'Apologie du Théâtre, & Œuvres Poétiques du même.

Tome XXIV, quatre piéces de Scudery; La Mort de Céfar, T. Ibrahim, ou l'illuftre Baffa, T. C. Eudoxe, T. C. Andromire, T. C. & autres Œuvres du même.

Tome XXV, fix piéces de Rotrou; La Célimene, C. La Céliane, T. C. Les Occafions perdues, T. C. Célie, ou le Viceroi de Naples, T. C. Bélifaire, T. Venceflas, T. C.

Tome XXVI, fix piéces de Rotrou; Célie, T. C. Les Captifs, C. D. Bernard de Cabrere, T. C. Les Sofies, C. Agefilan de Colchos, T. C. Clarice, C.

Tom XXVII, fix piéces de Rotrou; La belle Alphride, C. Antigone, T. Les Ménechmes, C. Amarillis Paftor; Hercule mourant, T. L'Illuftre Comédien, ou le Martyre de S. Geneft, T.

Tome XXVIII, fix piéces de Rotrou; Chofrœès, T. La Pélerine Amoureufe, T. C. L'Innocente Infidélité, T. C. L'heureux Naufrage, T. C. Le Philandre, C. Amélie, T. C.

Tome XXIX, trois piéces de divers Auteurs; L'heureufe Conftance, T. C. de Rotrou; Crifante, T. du même; Belliffante, T. C. (de Desfontaines.)

Tome XXX, fix piéces de Du Ryer; Saül, T. Efther, T. Clarigene, T. C. Thémiftocle, T. Cléomédon, T. C. Alcimédon, T. C.

Tome XXXI, fix piéces de Du Ryer; Scévole, T. Lucrece, T. Amarillis Paftor; Nitocris, T. C. Bérénice, T. C. Les Vendanges de Surefne, C.

Tome XXXII, fix piéces de Metel de Bois-Robert; Le Pyrandre, T. C. Palene, T. C. La Vraie Didon, T. La Jaloufe d'elle-même, C. Les trois Orontes, C. La folle Gageûre, C.

Tome XXXIII, quatre piéces de Boifrobert; Caffandre Comteffe de Barcelone, T. C. Les deux Alcandres, T. C. La Belle Lifimene, T. C. Le Couronnement de Darcé, T. C. avec la Folie du Sage, T. C. de Triftan.

Tome XXXIV, fix piéces de Triftan; Marianne, T. La Folie du Sage, T. C. Le Parafite, C. Panthée, T. La Mort de Crifpe, T. La Mort de Séneque, T.

Tome XXXV, cinq piéces de Scarron; Jodelet, ou le Maître Valet, C. Les Boutades du Capitan, Matamore & fes Comédies; Les trois Dorotées, ou Jodelet foufflette, C. L'Héritier ridicule, C. D. Japhet d'Arménie, C.

Tome XXXVI, cinq piéces de divers Auteurs; La Victime d'Etat, T. de De Prade; Annibal, T. du même, avec fes Œuvres Poétiques; La Mort d'Agis, T. de Guérin de Boufcal; Soliman, ou l'Efclave Généreufe, T. Le Grand Soliman, T. C.

Tome XXXVII, cinq piéces de divers Auteurs; Blanche de Bourbon, T. C. de Regnault; D. Quixote de La Manche, C. (de Guérin); Le Gouvernement de Sancho Panfa, C. du même ; Le Torifmon , T. imitée du Taffe , par Dalibray ; La Belle Efclave , T. C. de Cl. de l'Etoile.

Tome XXXVIII, fix piéces de divers Auteurs ; L'Athénaïs, T. C. de Mairet ; S donie, T. C. du même ; Marc-Antoine, T. du même ; L'Intrigue des Filoux , C. de Cl. de l'Etoile; Les Chaftes Martyrs , T. Chrétienne de Mademoifelle Cofnard ; Cyminde , ou les deux Victimes , T. C. de Colletet ; Poéfies du même.

Tome XXXIX, fix piéces de divers Auteurs ; La Pucelle d'Orléans, T. (de Benferade); Roxelane, T. C. de Defmarets ; L'Amant Libéral, T. C. de Scudery ; Edouard , T. C. de De la Calprenede ; La Mort des Enfans de Brute, T. Cléopâtre, T. de Benferade.

Tome XL, fix piéces de divers Auteurs ; Thyefte , T. de Monléon ; Le Grand Timoléon de Corinthe, T. de De Saint Germain ; Francion, C. de Gillet ; L'Amphitrion, ou l'Hercule furieux, T. de Nouvelon ; La Virginie Romaine, T. de Le Clerc ; Les Pêcheurs Illuftres, T. de Marcaffus.

Tome XLI, fix piéces de divers Auteurs ; La Coëffeufe à la mode, C. de D'Ouville ; Le Déniaifé, C. de Gillet ; L'Aminte du Taffe , Paftor. de Raiffiguier ; Le Docteur Amoureux , C. de Levert ; Hercule Amoureux , T. Ital. trad. en vers par Camille ; Vers de Benferade pour le Ballet danfé entre les Actes de cette Tragédie.

Tome XLII, fix piéces de divers Auteurs ; Le Sac de Carthage , T. de De la Serre ; Le Jugement équitable de Charles le Hardi , T. de Marefchal ; Hermenegilde ; T. de De la Calprenede ; La Mort de Roxane , T. de Defmarets ; Les Rivaux Amis, T. C. de Boifrobert ; La Clorinde, C. de Rotrou.

Tome XLIII, fix piéces de divers Auteurs ; Le Sage Jaloux, T. C. Le Martyre de Sainte Catherine , T. de Desfontaines ; Adolphe , ou le Bigame généreux, T. C. (de Bigrede) ; La Bradamante , T. C. (de De la Calprenede); Marguerite de France , T. C. (de Gilbert); Celine , ou les Freres Rivaux, T. C. (de Beys).

Tome XLIV, fix piéces de divers Auteurs ; Les Songes des Hommes éveillés, C. de Broffe ; Les Innocens Coupables, C. du même ; Le Curieux Impertinent, ou le Jaloux , C. du même ; La Stratonice, ou le Malade d'Amour, T. C. du même ; Iphigénie, T. de Rotrou ; La belle Philoclée & Téléphonte , T. C. (de Gilbert).

Tome XLV, fix piéces de divers Auteurs ; La Chute de Phaëton , T. de De Vozelle ; La Cour Bergere, T. C. de Marefchal ; Théfée, ou le Prince reconnu, T. C. de De la Calprenede ; La Sœur généreufe, T. C. (de Boyer); La Mort d'Afdrubal , T. (de Montfleury le pere) ; Les Coups de l'Amour & de la Fortune, T. C. de Quinault.

Tome XLVI, une piéce de Mairet ; La Silvanire , ou la Morte vive, T. C. Paft. avec les autres Œuvres Lyriques du même.

Tome XLVII, trois piéces de divers Auteurs ; Palémon, Fable Bofcagere de Fremiele ; Fin tragique de Niobé, T. du même ; La Réfurrection de N. S. par perfonnages, (par J. Michel ,) goth.

Tome XLVIII, cinq pieces de divers Auteurs; La Mort d'A-
gis, T. de Guérin; Oroondate, T. C. du même; Les Soupçons sur les apparences, Héroïco-Com. de D'Ouville; Pyrandre & Lisimene, T. C. de Boisrobert; Rosemonde, T. C.
de Baro.

Tome XLIX, cinq piéces de divers Auteurs; Le Railleur, C.
de Mareschal; La Balance d'Etat, T. C. Allégor. Les deux
Amis, T. C. de Chevreau; Les Rivaux Amis, T. C. de
Boisrobert; Boutades du Capitan Matamore, C. de Scarron.

Tome L, six piéces de divers Auteurs; Pyrandre & Lisimene,
T. C. de Boisrobert; Thésée, T. C. de De la Calprenede;
La Belle Egyptienne, T. C. de Sallebray; Le Curieux Imper-
tinent, C. (de Brosse); Eurymédon, T. C. de Desfontaines;
Alcidiane, T. C. du même.

*Théâtre François, quatriéme âge, depuis Corneille jusqu'à
présent.*

469 Le Théâtre de P. Corneille. *Rouen*, 1663, 2 vol. *in-fol.*
v. f. tr. dor.

470 Le Théâtre de P. Corneille. *Paris*, 1706, 5 vol. *in-12.*

471 Œuvres de Thomas Corneille. *Paris*, 1692, 5 vol.
in-12.

472 Poëmes dramatiques du même. *Paris*, 1506, 5 vol.
in-12.

473 Œuvres de P. Corneille. *Paris*, 1758, 10 vol. *in-12.*

474 Les Amours d'Ovide, Pastorale héroïque par Gilbert.
Paris, 1663, *in-12.*

475 Les Œuvres de J. B. Moliere. *Paris*, 1697, 8 vol.
in-12.

476 Les mêmes, avec figures. *Paris*, 1697, 8 vol. *in-12.*

477 Œuvres de Poisson, *in-12. sans frontispice.*

478 Les mêmes. *Paris*, 1687, 2 vol. *in-12.*

479 Les Œuvres de Montfleury. *Paris*, 1705, 2 vol. *in-12.*

480 Œuvres de Jean Racine. *Paris*, 1728, 2 vol. *in-12.*

481 Les Œuvres de Théâtre de Hauteroche. *Paris*, 1736, 3
vol. *in-12.*

482 Les mêmes. *Paris*, 1742, 3 vol. *in-12.*

483 Les Œuvres de Pradon. *Paris*, 1688, *in-12.*

484 Les Œuvres de Théâtre de Dancourt. *Paris*, 1760, 12
vol. *in-12.*

485 Théâtre de Baron. *Paris*, 1704, *in-12.*

486 Les Œuvres de Théâtre de David Brueys. *Paris*, 1735,
3 vol. *in-12.*

487 Œuvres de Riviere Dufresny. *Paris*, 1731, 6 vol. *in-12.*

488 Les Œuvres de Regnard. *Paris*, 1714, 2 *vol. in-12.*

489 Tragédies & Œuvres mêlées de ***. (du P. de Colonia.) *Lyon*, 1697, *in-12.*

490 Œuvres de la Grange Chancel. *Paris*, 1758, 5 *vol. in-12.*

491 Ines de Castro, par la Motte. *Paris*, 1723, *in-8.*

492 Le Bal d'Auteuil, Comédie par M. B. *Paris*, 1702, *in-12.*

493 L'Actrice, nouvelle Comédie. *Paris*, 1723, *in-12. br.*

494 Tomyris, Tragédie par Mademoiselle Barbier. *Paris*, *in-12.*

495 Osarphis, ou Moyse, Tragédie, par l'Abbé Nadal. *Paris*, *in-12. mar.*

496 Callisthène, Tragédie, par Piron. *Paris*, 1730, *in-8.*

497 Abensaid, Empereur des Mogols, Tragédie, par l'Abbé le Blanc. —— Lysimachus, Tragédie, par Decaux de Monterbert. *Paris*, 1738, *in-8.*

498 Œuvres de Prosper Jolyot de Crébillon. *Paris, de l'Imprimerie Royale*, 1750, 2 *vol. in-4.*

499 Théâtre de Lafont. *Paris*, 2 *vol. in-12.*

500 Œuvres de Théâtre de Marivaux. *Paris*, 1758, 7 *vol. in-12.*

501 La Mere confidente, Comédie par le même. *Paris*, 1735, *in-12.*

502 Œuvres de Voltaire. *Amst.* 1739, 2 *vol. in-8.* contenant

> Le premier, la Henriade, Essai sur la Poésie épique, Piéces fugitives, Essai sur les Guerres civiles de France, & le Temple du Goût.
> Le second, Œdipe, Mariamne, Brutus, l'Indiscret Zaire, Alzire, & la Mort de César.

503 Le Procès des Sens, Comédie. *Paris*, 1732, *in-8. mar. r.*

504 Le Je ne sçai quoi, Comédie de Boissy. *Paris*, 1731, *in-12.*

505 Théâtre de Fagan & autres, Œuvres du même. *Paris*, 1760, 4 *vol. in-12.*

506 Le Fils Naturel, Comédie par M. Diderot. 1757, *in-8.*

507 Le Siége de Calais, Tragédie par de Belloy. *Paris*, 1765, *in-8. mar. r.*

508 Guill. Tell, Tragédie par M. le Mierre. *Paris*, 1767. —— Les Scythes, Tragédie par M. de Voltaire. *Paris*, 1767, *in-8.*

Collections du Théâtre François.

509 Théâtre François, ou Recueil des meilleures piéces des anciens Auteurs. *Paris*, 1705, 3 *vol. in-12.*

510 Recueil de piéces de Théâtre, contenant

Les Fables d'Efope, C. par Bourfault; Le Tour de Carnaval, C. par d'Allinval; Le Philofophe dupe de l'Amour, C. Les Effets du Dépit, C. La Veuve Coquette, C. par Defportes; Les Payfans de qualités, & les Débuts, C. par Dominique & Romagnefi; Le Jeu de l'Amour & du Hafard, C.

Paris, 1724 *& fuiv. in-12.*

511 Recueil de piéces de Théâtre, contenant

L'Andromaca di Rac. trad. nel verfi ital. Le Bolus, Parodie de Brutus, par Dominique & Romagnefi; Arlequin Phaéton, Parodie, par les mêmes; La Foire des Poëtes, l'Ifle du Divorce, & la Sylphide, Com. par les mêmes; Démocrite prétendu Fou, Com. Samfon, par Romagnefi; La Critique, Com. par Boifly; Le Je ne fçai quoi, Com. par le même; Le Philofophe Marie, Com. par Neric. Deftouches.

Paris, 1725 *& fuiv. in-8.*

512 Recueil de piéces de Théâtre, contenant

Tancrede, Tragédie, par M. de Voltaire; Charlot, ou la Comteffe de Givri, Piéce Dramatique; Le Prince de Surefne, Parodie, par Riccoboni; La Frivolité, Com. par de Boifly; Le Plaifir & l'Innocence, O. C. par Parmentier; Le Triomphe du tems, Com. B. par Le Grand.

Paris, 1761, *in-8.*

513 Recueil de piéces de Théâtre, contenant

Le Méchant, C. par Greffet; L'Orphelin de la Chine, T. par M. de Voltaire; Varon, T. par le Vicomte de G. Iphigénie en Tauride, T. par Guymond de la Touche.

Paris, 1758 *& fuiv. in-12.*

514 Recueil de piéces de Théâtre, contenant

Antipater, T. par M. Portelance; Venceflas, T. de Rotrou, retouchée par M. Marmontel; Les fauffes Infidélirés, C. par

F

M. Barthe; Isabelle & Gertrude, Com. par Favart; Les Moif-
fonneurs, Com. par le même ; La Fée Urgele, ou ce qui
plaît aux Dames, C. (par M. l'Abbé de Voifenon.)

Paris, 1752 & fuiv. in-8.

515 La Partie de Chaffe de Henri IV, par M. Collé, avec fig.
Paris, 1766. —— Le Philofophe fans le fçavoir, Comédie
par M. Sedaine. *Paris*, 1766. —— Le Cercle, ou la Soirée
à la mode, Comédie par Poinfinet. *Paris*, 1764. —— La
Bergere des Alpes, Comédie par M. Desfontaines. *Paris,*
1766, *in-8.*

516 Recueil de piéces de Théâtre, contenant

> La Mort d'Adam, T. trad. de l'allemand de Klopftock, avec
> figures ; Mérope, T. par M. Clément; Tendrillette, T. en
> Vaudevilles; Les Tuteurs, C. par M. Paliffot ; L'Impromptu
> de Campagne, C. par Poiffon; La Soubrette Maîtreffe, avec
> l'italien à côté, C.

Paris, 1749 & *fuiv. in-12.*

517 Recueil des Opéras, des Ballets & des plus belles piéces
en mufique qui ont été repréfentées depuis dix ou douze
ans jufqu'à préfent devant Sa Majefté Très-Chrétienne.
Amft. 1699, 5 *vol. in-12.*

POETES ITALIENS.

518 Nouvelle Traduction de Roland l'Amoureux de Math.
Mar. Boyardo, avec figures. *Paris*, 1742, 2 *vol. in-12.*
519 Le Roland furieux, trad. de l'italien de l'Ariofte, avec
une fuite trad. de l'italien (de Jean-B. Pefcatore) par Gab.
Chappuys. *Lyon*, 1582 & 1583, 2 *vol. in-8. fig.*
520 La Jérufalem délivrée, trad. de l'italien du Taffe en vers
françois. *Paris*, 1671, 2 *vol. in-16. fig.*
521 L'Aminte du Taffe, Paftorale, trad. de l'italien en vers
françois. *Rouen*, 1679, *in-12.*
522 Le Berger fidele, trad. de l'italien de Guarini, en vers
françois, (par l'Abbé de Torches.) *Paris*, 1667, *in-12.*
523 Le même, en vers françois, avec l'italien à côté. *Paris,*
1672, *in-12.*
524 Le Théâtre Italien de Gherardi. *Amfterd.* 1701, 6 *vol.*
in-12.
525 Pamela, Comédie en profe, par Ch. Goldoni; trad. en

franç. par D. B. D. V. *Paris*, 1759, *in-8. pap. d'Holl. mar. r. dent.*

POETES ANGLOIS.

526 Le Paradis perdu de Milton, trad. de l'anglois, avec les remarques de M. Addiſſon. *Paris*, 1729, 3 *vol. in-12.*

527 Le Théâtre Anglois, trad. (par M. de la Place.) Londres, (*Paris*) 1745 & 1746 , 4 *vol. in-12.*

MYTHOLOGIE.

528 Bocace de la Généalogie des Dieux , tranſlat. en franç. *Paris, J. Petit*, 1531, *in-fol. goth. avec fig. en bois.*

529 Mythologie , ou Explication des Fables par J. de Montlyard, revuë par J. Baudoin, avec figures. *Paris*, 1627, *in-fol.*

530 La Vérité des Fables, ou l'Hiſtoire des Dieux de l'Antiquité , (par Deſmarets.) *Paris*, 1648 , 2 *vol. in-8. v. éc. filets.*

531 Nouvelle Hiſtoire Poëtique du P. Gautruche , &c. *Paris*, 1738, *in-12.*

532 Dictionnaire de Mythologie , (par M. l'Abbé Declauſtre.) *Paris*, 1745, 3 *vol. in-12.*

533 Connoiſſance de la Mythologie, par demandes & réponſes, (par M. Alletz.) *Paris*, 1748, *in-12.*

534 Dictionnaire Abrégé de la Fable, pour l'intelligence des Poëtes, &c. par Chompré. *Paris*, 1752, *in-12.*

535 Abrégé de la Fable, avec un Précis des Métamorphoſes d'Ovide en forme d'Hiſtoire ſuivie. *Paris*, 1754, *in-12.*

POÉSIE PROSAÏQUE.

Romans.

536 De l'Uſage des Romans , avec une Bibliotheque des Romans, &c. par L. Gordon de Percel (l'Abbé Lenglet Dufreſnoy.) *Amſ.* (*Paris*) 1734, *in 12.*

Romans trad. du grec & du latin.

537 Les Amours de Clitophon & de Leucippe , trad. du

grec d'Achilles Tatius en françois, avec figures. *Paris* 1635, *in-8. mar. bl.*

538 Les mêmes, avec des notes. *Amst.* (*Paris*) 1733, *in-12.*

539 Les Amours de Théagene & Chariclée, ou l'Histoire Ethiopique d'Héliodore, trad. en françois par J. de Montlyard, avec les figures de Michel Lasne. *Paris,* 1623, *in-8. couv. en parch.*

540 Les Amours Pastorales de Daphnis & Chloé, trad. du grec de Longus en françois par J. Amyot, avec des fig. gravées par Audran sur les desseins du Regent. *Amst.* 1716, *in-12. mar. cit. doub. de tabis.*

541 Les Amours d'Ismenes & d'Ismenias, par de Beauchamps. *Paris,* 1729, *in-12.*

542 Les Amours de Rhodante & de Dosicles, trad. du grec de Théod. Prodromus (par Godard de Beauchamps.) (*Paris*) 1746. ——— Dinias & Dercillide, Fragment trad. du grec d'Ant. Diogenes. (*Paris*) 1745. ——— Les vrais Plaisirs, ou les Amours de Vénus & d'Adonis, (par M. Freron.) *Paphos,* (*Paris*) 1748. *in-12. v. mark. fil.*

543 Les Amours d'Abrocome & d'Anthia, Histoire Ephésienne, trad. de Xénophon, par M. J***. (Jourdain.) 1748, *in-12. v. mar. fil.*

544 Anecdotes grecques, ou Avantures secrettes d'Aridée, trad. d'un manuscrit grec par M. ***. *Paris,* 1731, *in-12.*

545 Le Songe d'Alcibiade, trad. du grec. *Paris,* 1735, *in-12.*

546 L'Argenis de Barclay, trad. par l'Abbé Josse. *Chartres,* (*Paris*) 1732, 3 *vol. in-12.*

547 Les Métamorphoses, ou l'Asne d'or de L. Apulée, par J. de Montlyard. *Paris,* 1623, *in-8. fig.*

548 Les Amours de Tibulle, par de la Chapelle. *Paris,* 1712, 3 *vol. in-12. mar. r.*

Romans d'Amour Espagnols & Italiens.

549 Aventures de Flores & de Blanche-fleur tirées de l'espagnol par Madame L. G. D. R. *Paris,* 1735, 2 *part. en* 1 *vol. in-12.*

550 Les Travaux de Persiles & de Sigismonde, Histoire Septentrionale, trad. de l'espagnol de Michel de Cervantes en françois par d'Audiguier. *Paris,* 1718, *in-12.*

551 La conftante Amarillis, trad. de l'efpagnol de Criftoval Suares de Figueroa, par N. Lancelot. *Lyon*, 1614, *in-8. mar. bleu.*

552 La Célestine; ou Histoire tragi-comique de Califte & de Mélibée, trad. de l'efpagnol de Fernant Rojas en françois, avec l'efpagnol à côté. *Rouen*, 1634, *in-8.*

553 La Dianée (trad. de l'italien de Fran. Loredano.) *Paris*, 1642, 2 *vol. in-12. couv. en parch.*

554 La Prazimene, par le fieur Lemaire. *Paris*, 1643, 4 *vol. in-8.*

555 La Rofalinde, imitée de l'italien. *La Haye*, (*Paris*) 1732, 2 *vol. in-12.*

556 L'Almorinde (trad. de l'italien de Luca Affurino.) *Paris*, 1646, *in-8. mar. bleu.*

557 Le Calloandre fidele, trad. de l'italien (de Jean-Ambr. Marini), par Georges de Scudery. *Paris*, 1658, 3 *vol. in-8. mar. bleu.*

558 Le même, trad. (par le Comte de Caylus). *Amft.* (*Paris*) 1740, 3 *vol. in-12. fig. manque le titre au premier.*

559 Les Défefpérés, Histoire her. trad. de l'italien de Jean-Ambr. Marini, avec fig. *Paris*, 1732, 2 *vol. in-12.*

Romans d'amour François.

560 Les Amours de Piftion, par Ant. du Perrier. *Paris*, 1602, *in-12.*

561 La Haine & l'Amour d'Arnoult & de Clairemonde. *Paris*, 1709, *in-12. mar. r.*

562 Les religieufes Amours de Florigene & de Mélagre, par A. de Nerveze. *Paris*, 1602, *in-12.*

563 L'Aftrée, par Honoré d'Urfé. *Paris*, 1618, 7 *parties en* 26 *vol. in-8. lav. reg. v. f.*

564 La même, avec la continuation par Baro. *Paris*, 1623, 5 *vol. in-8.*

565 Le Berger extravagant. *Rouen*, 1646, 3 *vol. in-8. fig.*

566 L'Anti-Roman, par J. de la Lanne. *Paris*, 1633, 2 *vol. in-8.*

567 L'Arcadie de la Comteffe de Pembrok, trad. de l'anglois de Philippe Sidney en françois par J. Beaudoin. *Paris*, 1624, 3 *vol. in-8.*

568 Les Travaux d'Ariftée & d'Amarille dans Salamine, trad. du grec de Théophrafte, par Melidor. *Paris*, 1619, *in-12. couv. en parch.*

569 **Les** Amans Jaloux , ou le Roman des Dames , par Gilbert Saunier du Verdier. *Paris*, 1631, *in-8. mar. bl. sans frontispice.*

570 **Les** Triomphes de la Guerre & de l'Amour, Histoire admirable des siéges de Cazalie & de l'Emphirée, où s'est signalée la prodigieuse valeur de Thorasmon , &c. par Humbert. *Paris*, 1631, *in-8. mar. bl.*

571 **La** Polixene de Moliere. *Paris*, 1644, *2 vol. in-8. mar. bleu.*

572 **Ariane.** *Paris*, 1632, *2 vol. in-8.*

573 **L'Ariane** de Desmarets , avec figures. *Paris*, 1639, *in-4.*

574 **Le** Roman Véritable , où , sous des noms & des Pays empruntez , font comprises les Avantures amoureuses de plusieurs Personnes de condition. *Paris*, 1648, *2 tom. en 1 vol. in-8. mar. bl.*

575 **Histoire** tragique de notre tems , sous le nom de Lysandre & de Calliste, par d'Audiguier. *Paris*, 1624, *in-8.*

576 **L'Amour** sur son trône , ou les Nouvelles amoureuses du Loredan, trad. de l'italien par du Breton. *Paris*, 1646, *in-8. mar. bl.*

577 **Les** Amours d'Aristandre & de Cléonice , par le sieur d'Audiguier. *Paris*, 1625, *in-8.*

578 **Polémire**, ou l'Illustre Polonoise. *Paris*, 1624. —— Amours d'Endimion & de la Lune , par A. Remy. *Paris*, 1624, *in-8.*

579 **Clorinde.** *Paris*, 1654, *2 vol. in-8. mar. bl.*

580 **Hist.** de Célimaure & Félismene (par le Rou.) *Paris*, 1665, *2 toutes en 1 vol. in-8. mar. bl.*

581 **La** Cour d'Amour, ou les Bergers galans, par du Perret. *Paris*, 1667, *2 vol. in-8. mar. bl.*

582 **La** Logique des Amans, ou l'Amour Logicien, par de Caillieres. *Paris*, 1668, *in-12.*

583 **Zaïde**, Histoire Espagnole, par de Segrais, avec un Traité de l'origine des Romans, par M. Huet. *Paris*, 1719, *2 vol. in-12.*

584 **Les** différens Caracteres de l'Amour. *Paris*, 1685, *in-12.*

585 **Les** Désordres de l'Amour, par Madame de Villedieu. *Lyon*, 1686, *2 vol. in-12.*

586 **Les** Disgraces des Amans. *Paris*, 1690, *in-12.*

587 **Histoire** de la Comtesse de Gondez (par Mademoiselle de Lussan.) *Paris*, 1725, *2 vol. in-12. mar. r.*

588 Les Faveurs & les Difgraces de l'Amour , avec figures. *La Haye*, 1731, 3 *vol. in*-12.

589 Célenie, Hiftoire allégorique, par Madame L***. *Paris*, 1732, *in*-12.

590 Les petits Soupers de l'Eté , ou Avantures galantes, avec l'origine des Fées, par Madame Durand. *Paris*, 1733, *in*-12.

591 La Conftance des promptes Amours, avec le Jouet de l'Amour. *Paris*, 1733, *in*-12.

592 Le Nouvellifte Aërien, ou le Silphe amoureux. *Amft.* 1734, *in*-12.

593 Pharfamon, ou les nouvelles folies romanefques, par de Marivaux. *La Haye*, 1737, 2 *tom. en* 1 *vol. in*-12.

594 Les Egaremens du Cœur & de l'Efprit, ou Mémoires de M. de Meilcour, (par M. de Crébillon.) *Paris*, 1736, 3 *part. en* 1 *vol. in*-12.

595 La Religieufe malgré elle, Hiftoire galante, morale & tragique, par M. B. de B***. *Amft.* (*Paris*) 1740, *in*-12.

596 La Vie de Marianne, ou les Aventures de Madame la Comteffe de ***, par Carlet de Marivaux. *Amfterd.* (*Rouen*) 1745, 2 *vol. in*-12.

597 Le Payfan parvenu , par le même. *Paris*, 1734, 8 *part. en* 3 *vol. in*-12.

598 La Payfanne parvenue, ou les Mémoires de la Marquife de L. V. par le Chevalier de Mouhy. *Paris*, 1735, 4 *vol. in*-12.

599 Lycoris, ou la Courtifanne Grecque, (par M. Bret.) *Amft.* (*Paris*) 1746, 2 *part. en* 1 *vol. in*-12.

600 Les Confidences réciproques. *Bergop-Zoom* , (*Paris*) 1747, 2 *parties en* 1 *vol. in*-12.

601 Les Malheurs de l'Amour , (par Madame de Tencin.) *Amft.* (*Paris*) 1747, 2 *vol. in*-12.

602 Les Confeffions du Comte de ***, (par Duclos.) *Amft.* (*Paris*) 1741, 2 *part. en* 1 *vol. in*-12.

603 Mémoires de la Comteffe de Mirol, ou les funeftes Effets de l'Amour & de la Jaloufie, Hiftoire Piémontoife, par le Marquis d'Argens. *La Haye*, 1748, 2 *parties en* 1 *vol. in*-12.

604 Myfis & Glaucé , Poëme en trois chants, trad. du grec (par l'Abbé Seran de la Tour.) *Genêve*, (*Paris*) 1748, *in*-12. *v. marb. fil.*

605 Hiftoire des Princeffes de Bohème, par Madame ***. *La Haye*, (*Paris*) 1749, 2 *parties en* 1 *vol. in*-12.

606 Les Reſſources de l'Amour, (par M. de Baſtide.)
　　Amſt. (*Paris*) 1752, 4 *part. reliées en un vol. in-*12.

607 La Comédienne fille & femme de qualité, ou Mémoires
　　de la Marquiſe de * * *. (par M. de Sainte-Croix.) *Bru-*
　　xelles, (*Paris*) 1756, 3 *parties en* 1 *vol. in-*12.

608 L'Amant Salamandre, ou les Aventures de l'infortu-
　　née Julie, (par M. Cointreau.) *Paris*, 1756, 2 *part. en*
　　1 *vol. in-*12.

609 Zamor & Almanzine, ou l'Inutilité de l'Eſprit & du bon
　　Sens, par Madame de Puyſieux. *Paris*, 1760, 3 *part. en*
　　1 *vol. in-*12.

610 Roſe, ou les Effets de la Haine, de l'Amour & de l'Ami-
　　tié, (par Deſboulmiers.) *Londres*, (*Paris*) 1765, 2 *part.*
　　———— Fanni, ou l'heureux Repentir, Hiſtoire Angloiſe, (par
　　M. Darnaud.) *Londres*, (*Paris*) 1766, *in-*12.

611 Euménie & Gondamir, Hiſtoire Françoiſe, (par M.
　　Maillhol.) *Paris*, 1766, *in-*12.

612 Les Amours de Paliris & Dirphé. *Paris*, 1766, *in-*12.

613 La Ducheſſe de Capoue, Nouvelle Italienne. *Amſterd.*
　　1755, *in-*12.

614 Hiſtoire d'Amande. *Paris*, 1768, 2 part. en 1 *vol. in-*12.

615 Beliſe, ou les deux Couſines. *Paris*, 1769, *in-*12.

R O M A N S　H É R O Ï Q U E S.

616 Cythérée, par Marin Le Roy de Gomberville. *Paris*,
　　1641, 4 *vol. in-*8.

617 La jeune Alcidiane, par le même. *Paris*, 1651, *in-*8.

618 La même, par Madame de Gomez. *Paris*, 1733, 3 *vol.*
　　*in-*12.

619 Polexandre, (par Marin Le Roy de Gomberville.) *Pa-*
　　ris, 1645, 5 *vol. in-*8.

620 Caſſandre, Roman, (par de la Calprenede.) *Paris*,
　　1654, 10 *vol. in-*8. *v. m. fil.*

621 Le même. *Paris*, 1660, 10 *vol. in-*8.

622 Cléopâtre (par le même.) *Paris*, 1660, 12 *vol. in-*8.

623 Pharamond, ou l'Hiſtoire de France, par le même, (&
　　P. Dortigue de Vaumoriere.) *Paris*, 1661, 12 *vol. in-*8.

624 Le grand Scipion, par de Vaumoriere. *Paris*, 1661, 4
　　*vol. in-*8.

625 Mitrhidate. *Paris*, 1649, 4 *vol. in-*8. *mar. bleu.*

626 Le Toledan, par M. D. S. C. *Rouen*, (*Paris*) 1653, 5
　　*vol. in-*8. *mar. bl.*

627 Ibrahim, ou l'illuftre Baffa, par Mademoifelle de Scudery. *Paris*, 1641, 4 *vol. in-8.*

628 Artamene, ou le grand Cyrus, par la même. *Paris*,
1650, 10 *vol. in-8.*

629 Clélie, Hiftoire Romaine, par la même. *Paris*, 1666,
10 *vol. in-8.*

630 Rofemire, ou l'Europe-délivrée, par D. V. *Paris*, 1657,
in-8.

631 Radogune, ou l'Hiftoire du grand Antiochus. *Paris*,
1578, 2 *vol. in-8. v. ec. tr. dor.*

632 Sapor, Roi de Perfe, par du Perret. *Paris*, 1668, 5 *vol.*
in-12. mar. bl.

633 Le même. *Paris*, 1730, 5 *vol. in-12.*

ROMANS HISTORIQUES.

Romans hiftoriques pour l'ancienne Hiftoire.

634 Sethos, Hiftoire tirée des monumens de l'ancienne
Egypte (par l'Abbé Terraffon.) *Paris*, 1731, 3 *vol. in-12.*

535 Anecdotes politiques & galantes de Samos & de Lacédé-
mone, (par M. Menin.) *La Haye*, (*Paris*) 1751, 2 *part. en*
1 *vol. in-12.*

636 Hiftoire fecrette des Femmes galantes de l'Antiquité.
Rouen, 1726, 3 *vol. in-12.*

637 La même. *Paris*, 1726, 6 *vol. in-12.*

638 Les Exilés, par Madame de Villedieu. *Paris*, 1672, 6
vol. in-12.

639 Epicharis, par le Noble. *Paris*, 1698, *in-12.*

Romans hiftoriques pour la France.

640 Galanteries des Rois de France, depuis le commence-
ment de la Monarchie, par Henri Sauval. *Paris*, 1731,
3 *vol. in-12. rel. en un.*

641 La Vie, les Amours, les Infortunes, les Lettres d'A-
bailard & d'Héloïfe, &c. *Anvers*, (*Rouen*) 1720, 2 *tom.*
en 1 *vol. in-12.*

642 Anecdotes de la Cour de Philippe-Augufte, (par Mademoifelle de Luffan.) *Paris*, 1733, 6 *vol. in-12.*

643 L'Héritiere de Guyenne, ou l'Hiftoire de Léonore,
fille de Guillaume dernier Duc de Guyenne, femme de
Louis VII, Roi de France, &c. *Rotterdam*, 1691, *in-12.*

644 Adélaïde de Champagne. *La Haye*, (*Paris*) 1746, 3 *vol. in-12.*

645 La même. *Paris*, 4 *vol. in-12.*

646 Histoire amoureuse & tragique des Princesses de Bourgogne. *La Haye*, (*Paris*) 1720, 2 *vol. in-12.*

647 Le Maréchal de Boucicault, Nouvelle historique (par J. B. Née, *dit* la Rochelle.) *Paris*, 1714, *in-12.*

648 Les Mémoires secrets de la Cour de Charles VII, par Madame D***. (Daulnoy.) *Paris*, 1734, 2 *tom.* en 1 *vol. in-12.*

649 Gaston de Foix, Nouvelle historique, galante & tragique, par M. de V.***. *La Haye*, (*Paris*) 1739, 2 *vol. in-12.*

650 Le Comte de Dunois. *Paris*, 1671, *in-12. v. éc. fil.*

651 Le Prince de Longueville & Anne de Bretagne, Nouvelle historique, par L'Esconvel. *Paris*, 1697, *in-12.*

652 Le Comte d'Amboise, (par Mademoiselle Chat. Bernard.) *Paris*, 1689, 2 *vol. in-12.*

653 La Comtesse de Château-Briant, ou les Effets de la Jalousie (par Baudot de Juilly.) *Paris*, 1695, *in-12.*

654 Histoire secrette du Connétable de Bourbon, (par le même.) *Paris*, 1696, *in-12.*

655 Histoire de Marguerite de Valois, Reine de Navarre, sœur de François I. (par Mademoiselle de la Force.) *Paris*, 1720, 4 *vol. in-12.*

656 La même. *Amst.* (*Paris*) 1745, 2 *vol. in-12.*

657 Annales galantes de la Cour de Henri II, par Mademoiselle de Lussan. *Amst.* 1749, 2 *vol. in-12.*

658 Anecdote galante, ou Histoire secrette de Catherine de Bourbon, avec les intrigues de la Cour durant les regnes de Henri III & Henri IV. *Nancy*, (*Paris*) 1703, *in-12.*

659 Mémoire historique, ou Anecdote galante & secrette de la Duchesse de Bar, sœur de Henry IV. (par Mademoiselle de la Force.) *Amst.* 1713, *in-12.*

660 Histoire de J. de Bourbon, Prince de Carency, par Madame Daulnoy. *Paris*, 1729, 2 *vol. in-12.*

661 La Princesse de Montpensier, (par Madame de la Fayette.) *Paris*, *in-8. lav. regl. m. cit. doub. de mar. bleu.*

662 La même. *Paris*, 1674, *in-12.*

663 La Princesse de Cleves, (par Madame la Comtesse de la Fayette, le Duc de la Rochefoucault & Renaud de Segrais. *Paris*, 1719, 3 *tomes* en 1 *vol. in-12.*

664 La même. *Paris*, 1719, 2 *vol. in-12.*

665 Le Prince de Condé, Nouvelle historique, (par Edme Boursault.) *Paris*, 1675, *in-12. mar. r.*

666 Les Amours d'Henri IV, avec ses Lettres galantes à l Duchesse de Beaufort & à la Marquise de Verneuil. *Amsterda* (*Paris*) 1743, *in-18.*

667 Mémoire de la Reine Marguerite. *Bruxelles*, 1658, *in-12.*

668 Oracie (par Mademoiselle de Seneclaire.) *Paris*, 1646, 6 *tomes en* 4 *vol. in-8. mar. bleu.*

669 Les Amours historiques des Princes, par de Grenaille. *Paris*, 1642, *in-8. mar. bl.*

670 La Relation de l'Isle imaginaire, & l'Histoire de la Princesse de Paphlagonie, (par Mademoiselle de Montpensier.) 1659, *in-8. mar. r. doub. de mar.*

671 Amours de la Cour, la Princesse ou les Amours de Madame; *in-8. manuscrit.*

672 Mémoires de Madame la Comtesse de M. ***, avant sa retraite, (par Madame la Comtesse de Murat.) *Paris*, 1697, 2 *vol. in-12. manque le titre au premier.*

673 La Promenade de Versailles, ou l'Histoire de Célamire, (par Mademoiselle de Scudery.) *Paris*, 1669, *in-8. mar. bl.*

674 Mémoires du Comte d'Aubigny Maréchal de France, avec des anecdotes galantes & militaires. *La Haye*, 1746, *in-12.*

675 La Mere Rivale. *Paris*, 1672, *in-12.*

676 Les Lutins du Château de Kernosy, Nouvelle historique par Madame la Comtesse de M. ***. (Murat.) *Paris*, 1710, *in-12.*

677 La fausse Clélie, par D. S. (de Subligny.) 1670, 2 *vol. in-12.*

678 Histoire de Madame de Bagneux. *Paris*, 1696, *in-12.*

679 Mémoires de M. Du N. ***. (Du Noyer.) *Paris*, (*Holl.*) 1713, *in-12.*

680 La Religieuse, Cavalier, Epoux & Chanoine, Histoire galante & tragique. *Cologne*, (*Paris*) 1717, *in-12.*

681 Histoires galantes, nouvelles & véritables, par M. le Chevalier R. C. D. S. *Amst.* 1720, *in-12.*

682 Mémoires & Aventures d'un Homme de qualité qui s'est retiré du monde, (par l'Abbé Prevost,) avec l'Histoire de Manon Lescaut. *Paris*, 1729, 7 *tom. en* 4 *vol. in-12.*

683 L'Infortuné Philope, ou les Mémoires & Aventures de M. ***. avec figures. *Rouen*, 1732, *in-12.*

684 Mémoires de M. le Marquis de Fieux, par M. le Chevalier D. M. (De Mouhy) *Paris*, 1735, *in-12*.

685 Mémoires du Comte de Comminville. *Paris*, 1735, *in-12*.

686 Paris, ou le Mentor à la mode, par M. le Chevalier de M ***. (Mouhy.) *Paris*, 1735, 3 *part. en 1 vol. in-12*.

687 Le Sécle, ou Mémoire du Comte de S.***, par Madame L ***. *Londres*, 1736, *in-12*.

688 La Promenade de Versailles, ou Entretiens de six Coquettes. *La Haye*, 1736, *in-8*.

689 Les Aventures du Comte de Rosmond. *Amsterd.* 1737, 2 *vol in-12*.

690 Histoire de Madame de Muci, par Mademoiselle D ***. *Amst.* 1731, *in-12*.

691 Mémoires du Comte de Claize, par de Catalde. *Amst.* (*Paris*) 1738, *in-12*.

692 Mémoires de la Comtesse d'Horneville (par M. Simon,) ou Réflexions sur l'inconstance des choses humaines. *Amst.* 2 *tomes en 1 vol. in-12*.

693 Le Cocq, ou Mémoires du Chevalier de V ***. *Amsterd.* (*Paris*) 1743, *in-12*.

694 Le Berceau de la France, (par M. Daucourt.) *La Haye*, 1744, 3 *part. en un vol. in-12*.

695 Mémoires de Rantzi. *La Haye*, (*Paris*) 1747, 2 *vol. in-12. v. marb. fil.*

696 Mémoires de M. de Poligny, par Madame de ***. *La Haye*, 1749, *in-12*.

697 Le Masque de fer, ou Aventures admirables du Pere & du Fils, (par le Chevalier de Mouhy.) *La Haye*, 1750, 6 *part. en 1 vol. in-12*.

698 Mémoires de Cécile, écrits par elle-même, revus par M. de la Place. *Paris*, 1751, 4 *tom. en 2 vol. in-12*.

699 Le Tombeau philosophique, ou Histoire du Marquis de ***. à Madame de ***. par le Chevalier de la B ***. (Bastide.) *Amst.* (*Paris*) 1751, 2 *part. en un vol. in-8*.

700 Histoire du Marquis de Cressy, trad. de l'anglois, par Madame ***. (Riccoboni.) *Amst.* 1758, *in-12*.

701 Mémoire de Madame Durdoff, ou Histoire du Marquis d'Albernac & de Cephise. *Londres*, (*Paris*) 1763, 2 *vol. in-12*.

702 Voilà mes malheurs, Anecdotes de Mademoiselle de B**. *Berlin* (*Paris*) 1763, 2 *part. en 1 vol. in-12*.

703 Lettres de Sophie & du Chevalier de ***. (par M. Desfontaines.) *Paris*, 1765, 2 *part. en un vol. in-12*.

704 L'Humanité, Histoire des Infortunes du Chev. de Dampierre, (par M. Contant Dorville). *Paris*, 1765, *2 tom. en 1 vol. in-12.*

705 La Belle Berruyere, ou Aventures de la Marquise de Fierval. *Londres*, 1765, *2 vol. in 12.*

706 Mémoires en forme de Lettres de deux jeunes Personnes de qualité, (par Madame la Marquise de Saint-Aubin.) *Paris*, 1765, *2 vol. in-12.*

707 Mémoires de la Marquise de Cremy, écrits par elle-même. *Lyon*, 1766, *2 vol. in 12.*

708 Les malheurs de l'inconstance, ou Lettres de la Marquise de Circé & du Comte de Mirbelle (par M. Dorat.) *Paris*, 1772, *2 vol. in-8.*

Romans historiques pour l'Espagne.

709 Don Pélage, ou l'Entrée des Maures en Espagne, par L. S. D. J. (de Juvenel.) *Paris*, 1646, *2 vol. in-8. mar. r.*

710 Relation historique de l'invasion de l'Espagne par les Maures, avec figures. *Paris*, 1722, *4 tom. en 1 vol. in-12. v. f. fil.*

711 Dom Carlos, Nouvelle historique. *Amst.* 1673, *in-12.*

712 Germaine de Foix, Reine d'Espagne (par Nicolas Baudot de Juilly.) *Paris*, 1701, *in-12.*

713 Relation d'un Voyage d'Espagne (par Madame Daulnoy.) *Paris*, 1692, *3 vol. in-12.*

714 Ines de Cordoue, Nouvelle Espagnolle. *Paris*, 1708, *in-12.*

715 Le Bâtard de Navarre, Nouvelle historique. *Paris*, 1683, *in-12.*

716 Dom Sébastien, Roi de Portugal, Nouvelle historique. *Paris*, 1679, *3 vol. in-12.*

717 Histoire de Don Juan de Portugal, fils de Don Pedre & d'Ines de Castro. *Paris*, 1714, *in-12.*

Romans historiques pour l'Italie.

718 Histoire de la Comtesse de Savoye. 1726, *in-12.*

719 Histoire de Jeanne premiere du nom, Reine de Naples & de Sicile, Comtesse de Provence; *in-12. sans titre.*

720 Le Prince Frédéric de Sicile, Nouvelle historique, par Mademoiselle B. (Bernard.) *Paris*, 1690, *3 tomes en un vol. in-12. mar. bleu.*

721 La Vertueuse Sicilienne ou les Mémoires de la Marquise d'Albelini. *La Haye*, (*Paris*) 1746, 2 *vol. in-12. v. marbr. filets.*

722 Histoire des Amours de Valerie & du noble Vénitien Barbarigo, par J. Galli de Bibiena. *Lausanne*, 1741, 2 *vol. in-12. mar. r.*

723 Histoire de Bertholde, trad. libre de l'italien de Julio Cesare Roci. *La Haye*, 1752, 2 *part. en* 1 *vol. in-12.*

Romans historiques pour l'Angleterre.

724 Histoire de Catherine de France Reine d'Angleterre, (par Nic. Baudot de Juilly.) *Paris*, 1696, *in-12.*

725 Mylord Courtenay, ou Histoire secrette des premiers Amours d'Elisabeth d'Angleterre, par le Noble. *Paris*, 1697, *in-12.*

726 Perkin, faux Duc d'York sous Henri VII Roi d'Angleterre, Nouvelle historique, par le sieur Paix de Lizancour. *Paris*, 1732, *in-12.*

727 Marie d'Angleterre, Reine-Duchesse, (par Mademoiselle de Lussan.) *Amsterdam*, (*Paris*) 1749, *in-12.*

728 Histoire de Marguerite d'Anjou, par l'Abbé Prevost. *Amst.* (*Paris*) 1740, 2 *vol. in-12.*

729 Le Philosophe Anglois, ou Histoire de Cléveland fils naturel de Cromwel, trad. de l'anglois (par le même.) *Paris*, 1731, 6 *vol. in-12.*

730 L'Atlantis de Me Manley, contenant les Intrigues politiques & amoureuses d'Angleterre, & où l'on découvre le secret des Révolutions arrivées depuis 1683 jusqu'à présent, trad. de l'anglois. *La Haye*, 1713, 2 *tom. en* 1 *vol. in-8.*

731 La Religieuse intéressée & amoureuse, avec l'Histoire du Comte de Clare, Nouvelle galante. *Cologne*, 1732, *in-12.*

732 Les Aventures du jeune Comte de Lancastel, Nouvelle. *Paris*, 1728, *in-12.*

733 Mémoires de Madame de Barneveldt. *Paris*, 1732, 2 *vol. in-12.*

734 Léonidas, trad. de l'anglois. *Genéve*, (*Paris*) 1738, *in-12.*

735 Mémoires de Melvil, trad. de l'anglois. *Edinbourg*, (*Paris*) 1745, 2 *vol. in-12. v. f. filets.*

736 Mylord Stanley, ou le Criminel vertueux, (par M. le Chevalier de la Morliere.) *Cadix*, (*Paris*) 1747, 3 *parties en* 1 *vol. in-12.*

737 Le Véritable Ami, ou la Vie de David Simple, trad. de l'anglois (par M. de la Place.) *Amst.* (*Paris*) 1749, 2 *tom. en 1 vol. in-12.*

738 Histoire de Tomes Jones, ou l'Enfant Trouvé, trad. de l'angl. de Fielding (par le même), avec des figures de Gravelot. *Londres* (*Paris*) 1750, 4 *tom. en 2 vol. in-12.*

739 L'Orpheline Angloife, ou Histoire de Charlotte Summers, imitée de l'anglois, par le même. *Londres,* (*Paris*) 1751, 4 *vol. rel. en deux.*

740 Lettres Angloifes, ou Histoire de Miff Clariffe Harlove trad. (par l'Abbé Prevoft.) *Londres,* (*Paris*) 1751, 6 *vol. in-12.*

741 Histoire des Paffions, ou Aventures du Chevalier Shroop, trad. de l'anglois (par Touffaint.) *La Haye,* (*Paris*) 1751, 2 *vol. in-8.*

742 La Vie & les Aventures du petit Pompée, Histoire critique trad. de l'anglois, par le même. *Londres,* (*Paris*) 1752, 2 *tom. en 1 vol. in-12.*

743 Histoire & Aventures de Sir Williams Pickle, trad. de l'anglois (par le même.) *Amst.* (*Paris*) 1753, 4 *tom. en 2 vol. in-12.*

744 Nouvelles Lettres Angloifes, ou Histoire du Chevalier Grandiffon (par l'Abbé Prevoft.) *Amst.* (*Paris*) 1755, 8 *part. en 4 vol. in-12.*

745 Henriette, trad. de l'anglois par M. ***. *Paris,* 1760, 4 *parties en 2 vol. in-12.*

746 Romans traduits de l'anglois. *Amfterdam,* (*Paris*) 1761, *in-12.*

747 Aventures de Roderik Random, trad. de l'anglois de Fielding, avec fig. (par Meffieurs Hernandez & Puyfieux.) *Londres,* (*Paris*) 1761, 3 *vol. in-12.*

748 Amélie, Histoire Angloife trad. de Fielding, (par Madame Riccoboni.) *Paris,* 1762, 4 *tom. en 2 vol. in-12.*

749 Lettres de Milady Wortlay Montagute, trad. de l'anglois (par le P. Brunet.) *Londres,* (*Paris*) 2 *part. en 1 vol. in-12.*

750 Hift. de Miff Honora, ou le Vice dupe de lui-même, (par M. l'Abbé Irailh.) *Amfterdam,* (*Paris*) 1766, 2 *vol. in-12.*

751 Le Lord impromptu, Nouvelle romanefque trad. de l'anglois. *Amft.* 1767, 2 *parties en 1 vol. in-12.*

752 Histoire de Miff Indiana Danby, trad. de l'anglois par M. de L. ***, G. ***. *Paris,* 1767, 2 *tom. en 1 vol. in-12.*

753 Le Ministre de Wakefield. *Paris*, 1767, 2 *tom. en 1 vol. in-*12.

Romans historiques pour l'Allemagne & pays du nord.

754 Henry, Duc des Vandales, avec fig. par M. D. (Madame Durand.) *Paris*, 1714, *in-*12.

755 L'illustre Malheureuse, ou la Comtesse de Janissanta, par l'Auteur de Roselli. *Amst.* (*Rouen*) 1730, 2 *tomes en* 1 *vol. in-*12.

756 Histoire de Lideric premier, Comte de Flandres, Nouvelle historique & galante, (par de Vignacourt.) *Paris*, 1737, 2 *vol. in-*12.

757 Mémoires de Hollande. *Paris*, 1678, *in.* 12.

758 L'Aventurier Hollandois, avec fig. *Amst.* 1729, 2 *vol. in-*12.

759 La Saxe galante, (par M. de Solignac.) *Amst.* 1734, 2 *tomes en un vol. in-*12.

760 Gustave Vasa, Histoire de Suéde. *Paris*, 1725, 2 *vol. in-*12.

761 Le Czar Démétrius, Histoire Moscovite, par de la Rochelle. *La Haye*, 1716, 2 *tomes en* 1 *vol. in-*12.

Romans historiques pour les pays Orientaux.

762 Anecdotes, ou Histoire secrette de la Maison Ottomane (par Madame de Gomez.) *Amst.* (*Paris*) 1722, 4 *tomes en* 2 *vol. in-*12.

763 Histoire de Mehemet Bei, aujourd'hui nommé J. Mich. de Cigala. *Paris*, 1668, *in-*12.

764 La Vie du Roy Almanzor, écrite par le vertueux Capit. Aly Abençufian. *Amst.* 1671, *in-*12.

765 Histoire d'Osman premier du nom & de l'Impératrice Aphendina Ashada, par Madame de Gomez. *Paris*, 1734, 2 *vol. in-*12.

766 La Mort du Sultan Osman, ou le Rétablissement de Mustapha sur le Tróne, par Ant. Galland. *Paris*, 1678, *in-*12.

767 Cara Mustapha, Histoire contenant son élévation ; ses amours dans le Serrail, &c. (par de Preshac.) *Paris*, 1684, *in-*12.

768 Scanderberg, ou les Avantures du Prince d'Albanie. *Paris*, 1732, 2 *vol. in-*12.

769 Histoire Negre-Pontique, contenant la Vie & les Amours
d'Alexandre

d'Alexandre Caſtriot , arriere-neveu de Scanderberg &
d'Olympe, la belle Grecque de la maiſon des Paléolo-
gues , (tirée des manuſcrits d'Octavio Finelli) & traduite
par J. Baudouin. *Paris*, 1630, *in-8. mar. verd, doublé
de mar. r.*

770 La même. *Paris*, 1731, 2 *vol. in-12.*

771 Hiſtoire de Mouley-Mahamet , fils de Mouley-Iſmaël,
Roi de Maroc, (par l'Abbé de la Tour). *Genéve*, 1749, *in-12.*

772 Hiſtoire d'Amenophis , Prince de Lybie , à laquelle on a
joint l'Hiſtoire de la Comteſſe de Vergy. *La Haye*, 1725,
in-12.

773 Les Aventures du Prince Jakaya , ou le Triomphe de
l'amour ſur l'ambition. *Paris*, 1732, 2 *parties en un vol.
in-12.*

774 Les Aventures de Zélim & de Damaſine, Hiſt. Africaine.
La Haye, 1735, 2 *parties en un vol. in-12.*

775 Aben Muſla, Hiſt. Turque. *Paris*, 1737, 2 *tomes en un
vol. in-12.*

776 Intrigues du Serrail, Hiſt. Turque, par Malebranche.
La Haye, 1739, 2 *parties en un vol. in-12.*

777 Arboflede, Hiſt. Angloiſe. *La Haye*, (*Paris*) 1741,
2 *parties en un vol. in-12.*

778 Zeczeczeb , Anecdotes Indoſtanes. *La Haye*, 1751, 4
parties en un vol. in-12.

779 Ma-Gakou, Hiſt. Japonnoiſe, par l'Auteur D. R. D. S.
(Chevrier). *Goa*, (*Paris*) 1752, *in-12.*

780 Saroutaki & Alibek, Hiſt. trad. du Perſan. *A l'Orient*,
(*Paris*) 1752, 2 *parties en un vol. in-12.*

781 Anecdotes Africaines, ou Mémoires hiſtoriques de Mou-
rat & de Sophie, par Mademoiſelle de L. * * * (de Lubert.)
Tunis, (*Paris*) 1753, 2 *parties en un vol. in-12.*

782 Abbaſſaï, Hiſt. Orientale, (par Mademoiſelle Fauque.)
Paris, 1753 , 3 *parties en un vol. in-12.*

783 Roman Oriental (par de Blanes). *Paris*, 1753, 2 *parties
en un vol. in-12.*

784 Daira , Hiſt. Orientale, (par le Riche de la Popeliniere).
Paris, 1761, 2 *tomes en un vol. in-12.*

785 Mahulem , Hiſt. Orientale. *La Haye*, (*Paris*) 1766,
in-12.

786 Almanzaïde , Hiſt. Africaine. *Amſt.* (*Paris*) 1766,
in-12.

787 Zingha , Reine d'Angola, Hiſt. Africaine, par M. L.
Caſtilhon. *Paris*, 1769, 2 *parties en un vol. in-12.*

H

Romans de Chevalerie.

788 Le Roman de Lancelot-Dulac ou de la Table Ronde. *Rouen, Bourgeois, & Paris, Dupré, 1488, 2 vol. in-fol. goth. lav. regl.* (*très-bel exempl.*)

789 Histoire du noble Tristan Prince de Léonois, Chevalier de la Table Ronde, & d'Yseulte Princesse d'Yrlande, Royne de Cornouaille, trad. en franç. par Jean Maugin dit Langevin. *Paris, 1586, in-4.*

790 L'Arioste moderne, ou Roland le Furieux (par Madame Vasconcelle Gomez de Fuigueredo). *Paris, 1685, 3 vol. in-12.*

791 Histoire des nobles prouesses de Galien Restaure, fils du noble Olivier le Marquis, & de la belle Jacqueline, fille du Roy Hugon, Empereur de Constantinople. *Lyon, 1627, in-12. le titre manusc. ainsi que quelques pages.*

792 Amadis de Gaule, traitant de maintes aventures d'armes & d'amours, trad. de l'espagnol en franç. par Nic. de Herberay, sieur des Essarts, avec figures. *Paris, 1548, 4 vol. in-fol. mar. r. lav. regl.*

793 Le premier Livre de la Chronique du très-redouté Dom Flores de Grece, surnommé le Chevalier des Cygnes, trad. par Nic. de Herberay, sieur des Essarts. *Paris, 1552, in-fol. fig. lav. regl.*

794 Histoire de Palmerin d'Olive, fils du Roy Florindos de Macédoine, & de la belle Griane, fille de Remicius, Empereur de Constantinople, trad. du castillan en franç. par J. Maugin. *Paris, 1549, in-fol. fig.*

795 La même. *Lyon, 1619, in-12. couvert en parchemin.*

796 L'Histoire Palladienne, traitant des gestes & généreux faits d'armes & d'amours de plusieurs grands Princes & Seigneurs, spécialement de Palladien, fils du Roy Milanor d'Angleterre, & de la belle Selerine, sœur du Roy de Portugal, mise en franç. par Cl. Colet. *Paris, 1555.* —— Le premier Livre de l'Histoire & ancienne Chronique de Gérard d'Euphrate, Duc de Bourgongne, traitant pour la plupart son origine, jeunesse, amours & chevaleureux faits d'armes, avec rencontres & aventures merveilleuses de plusieurs Chevaliers & grands Seigneurs de son temps. *Paris, 1549, in-fol. fig. lav. regl.*

797 Histoire de Don Quichotte, trad. de l'espagnol de Mich. Cervantes (par Filleau de S. Martin & autres.) *Paris, 1700, 6 vol. in-12.*

798 Suite de l'Histoire de Don Quichotte, trad. d'un manuscrit espagnol de Cide Benengely son véritable Historien, avec une continuation contenant l'Histoire de Sancho Pança, avec figures. *Paris, 1722 & 1726, 6 vol. in-12. manque le premier tome.*

799 Nouvelles Aventures de Don Quichotte, trad. de l'espagnol de Fernandez d'Avellaneda, par le Sage. *Paris, 1704, 2 vol. in-12. mar. r.*

800 Le Désespoir amoureux avec les nouvelles Visions de D. Quichotte, Hist. Espagnole, avec figures. *Amst. (Rouen) 1715, in-12.*

801 Histoire de l'admirable Don Quichotte de la Manche, trad. de l'espagnol de Michel de Cervantes. *Paris, 1754, 6 vol. in-12. fig.*

802 Histoire du Vaillant Chevalier Tiran le Blanc, trad. de l'espagnol en franç. *Londres, (1737) 2 vol. in-8.*

803 L'Histoire & plaisante Chronique du Petit Jean de Saintré, de la jeune Dame, des Belles cousines sans autre nom dénommer (par Ant. de la Salle), (avec des notes par Gueulette). *Paris, 1724, 3 vol. in-12.*

804 Le Roman héroïque, où sont contenus les mémorables faits d'armes de Dom Rosidor & de Clarisel le Fortuné, par le sieur de Logeas. *Paris, 1632, in-8.*

805 Les admirables faits d'armes d'Alcestes, servant l'infidèle Lydie, par le sieur des Escuteaux. *Saumur, 1618, in-12.*

806 Abrégé de l'Histoire d'Ariades, trad. du latin de Bernard de Marandé. *Paris, 1639, in-12. mar. bl.*

Romans de Spiritualité.

807 Elise, ou l'Innocence coupable, par l'Evêque de Belley. *Paris, 1621, in-8. v. f. fil.*

808 L'Iphigénie par le même. *Lyon, 1625, 2 vol. in-8. v. f. fil.*

809 Palombe, ou la Femme honorable, Histoire Catalane, par le même. *Paris, 1625, in-8. mar. bleu.*

810 Les Occurrences remarquables, par le même. *Paris, 1626, in-12. mar. bl.*

811 Le Cléoreste, Histoire Franç. Espagnole, par le même. *Lyon, 1626, 2 vol. in-8. mar. r.*

812 Hermiante, ou les deux Hermites contraires, par le

même. *Lyon*, 1633. —— Petronille, par le même. *Lyon*, 1626, *in-8. v. f. fil.*

813 La Pieuse Julie, Histoire Parisienne, par le même. *Paris*, 1625. —— Hellenin, & son heureux malheur, ensemble Calitrope, par le même. *Lyon*, 1628, *in-8. v. f. fil.*

814 Alcime, par le même ; *in-12. sans frontispice.*

815 Evénemens singuliers, par le même ; *in-8. mar. bleu, sans frontispice.*

816 Les Récits historiques, ou Histoire divertissante, &c. par le même. *Paris*, 1643. —— Mémoriaux hist. du même. *Paris*, 1743, *in-8. v. mar. fil.*

817 Le Pantagone historique, par le même; *in-8. sans titre.*

818 Les Rencontres funestes, ou Fortunes infortunées de notre temps, par le même. *Paris*, 1644, *in-8.*

819 Macarise, ou la Reine des Isles fortunées, par Franç. Hedelin Abbé d'Aubignac. *Paris*, 1664, *2 vol. in-8. v. éc. fil.*

820 L'Honnête Femme, par le R. P. Dubosc. *Paris*, 1675, *in-12.*

821 L'Amazone Chrétienne, ou les Avantures de Me de Saint-Balmon, par L. P. J. M. D. V. *Paris*, 1678, *in-12.*

822 Les pieux Délassemens de l'Esprit, Agathon & Tryphine, Histoire Sicilienne. *Nancy*, 1711, *in-12.*

Romans moraux & politiques.

823 Les belles Sotilaires, par Me de V***. *Amst.* 1745, 3 *parties reliées en* 1 *vol. in-12.*

824 Mémoires pour servir à l'Histoire des Mœurs du dix-huitiéme siécle, (par Duclos.) (*Paris*) 1751, 2 *parties en* 1 *vol. in-12.*

825 Le Triomphe de l'Amitié, Ouvrage trad. du grec par Mademoiselle de ***. *Paris*, 1751, *in-8.*

826 Le Beau-Frere supposé, par Madame D. V. (de Villeneuve.) *Londres*, (*Paris*) 1752, 4 *parties en* 1 *vol. in-12.*

827 Julie, ou la Nouvelle Héloïse, par J. J. Rousseau. *Amst.* (*Paris*) 1761, 6 *vol. in-12.*

828 Mémoires pour servir à l'Histoire de la vertu, extraits du Journal d'une jeune Dame (par l'Abbé Prevost.) *Cologne*, (*Paris*) 1762, 4 *tom. en* 2 *vol. in-12.*

829 Le Juge prévenu, par Madame de V***. (de Villeneuve.) *Liége*, 1764, 5 *part. en un vol. in-*12.

830 Mémoires d'une honnête femme publiées par de Chevrier. *Amst.* (*Rouen*) 1764, 3 *part. en un vol. in-*12.

831 Lettres de Milord Rodex pour servir à l'Histoire des
Mœurs du dix-huitiéme siécle. *Paris*, 1768, 2 *parties en
2 vol. in-*12.

832 Les Aventures de Télémaque, (par Franç. Salignac de
la Motte-Fénelon.) *Paris*, 1700, 5 *vol. in-*12.

833 Les mêmes, avec figures. *La Haye*, 1705, 2 *vol. in-*12.

834 Les mêmes. *Paris*, 1730, *in* 4.

835 Critique générale des Aventures de Télémaque. *Cologne*, 1700, 2 *vol. in-*12.

836 La Thélécomanie, ou Censure & Critique du Roman
intitulé, Les Aventures de Télémaque. *Eleutrople*, (*Paris*) 1700, *in-*12.

837 Les Aventures de Sophronisme, avec quelques Dialogues, (par Fénelon ;) *in-*12. *mar. r. sans frontispice.*

838 Les Voyages de Cyrus, avec un Discours sur la Mythologie, par M. Ramsay, & une Lettre de M. Fréret à
l'Auteur sur la chronologie de son Ouvrage. *Paris*, 1727,
2 *tomes en* 1 *vol. in-*8.

839 Suite de la nouvelle Cyropédie, ou Réflexions de Cyrus
sur ses voyages. *Amst.* (*Paris*) 1728, *in-*8. —— Entretiens
sur les Voyages de Cyrus, & ingénieuses Imitations de M.
Ramsay. *Nancy*, 1728, *in-*8.

840 Le Repos de Cyrus, (par l'Abbé Pernetti.) *Paris*, 1732,
3 *tomes en* 1 *vol. in-*8.

841 Mahmoud le Gasnevide, Histoire Orientale, trad. de
l'arabe, (avec des notes par M. Melon.) *Rotterdam*, 1726,
*in-*8.

Romans satyriques.

843 Petrone, trad. en françois avec le latin à côté, & des
remarques par Nodot. 1713, 2 *vol. in-*12. *fig.*

844 Œuvres de François Rabelais, avec des remarques historiques & critiques par Le Duchat, avec fig. (*Paris*) 1732,
6 *tomes en* 5 *vol. in-*8.

845 Le Roman satyrique, par J. de Lannel *Paris*, 1624,
*in-*8.

846 Les Aventures du Philosophe inconnu, dans la recherche
de la pierre philosophale. *Paris*, 1674, *in-*12.

847 Le Diable Boiteux, par le Sage, avec fig. *Paris*, 1727, 2 *vol. in-*12.

848 Le même. *Amst.* 1744, 2 *tomes en* 1 *vol. in-*12.

849 Le Geomyler, trad. de l'arabe (par l'Abbe de Villars.) *Paris*, 1729, 2 *part. en* 1 *vol. in-*8.

850 L'infortuné Neapolitain, ou les Aventures du Seigneur Rozelli. *Paris*, 1734, 2 *vol. in-*12. *de différentes reliures.*

851 Tanzai & Néadarné, Histoire Japonnoise (par M. Crébillon fils.) *Pekin*, (*Paris*) 1734, 2 *vol. in-*12.

852 Chanson d'un Inconnu, on Histoire véritable & remarquable, arrivée à l'endroit d'un R. P. de la Compagnie de Jesus. *Turin*, 1737, *in-*12.

853 Micromegas, (par M. de Voltaire.) *in-*12. *v. m. tr. dor.*

854 Zadig, ou la Destinée, Histoire Orientale (par le même.) (*Paris*) 1748, *in-*12.

855 . . . .

856 Aventure déguisée d'un Grec à la mode, & Aventure connue de tout le monde. *La Haye*, 1753, *in-*12.

Romans comiques & Facéties.

857 L'Aventurier Buscon, Histoire facétieuse, & les Lettres du Chevalier de l'Epargne, trad. de l'espagnol de Franc. Quevedo. *Paris*, 1639. —— Divertissement historique par M. Camus, Evêque de Belley. *Paris*, 1632, *in-*8. *mar. bl.*

858 Polyandre, Histoire comique. *Paris*, 1648, 2 *vol. in-*8.

859 Le Roman Bourgeois, (par Ant. Furetiere.) *Paris*, 1666, *in-*8.

860 Histoire comique de Francion, par de Moulinet, Sieur du Parc. *Paris*, 1672, 2 *vol. in-*12.

861 La Vie de Guzman d'Alfarache, avec fig. *Paris*, 1696, 3 *vol. in-*12. *mar. citr.*

862 Histoire facétieuse du fameux Lazarille de Tormes, trad. de l'espagnol en françois. *Lyon*, 1697, *in-*12.

863 Histoire d'Estevanille Gonzalles, surnommé le Garçon de bonne humeur, tirée de l'espagnol par le Sage. *Paris*, 1734, 2 *tomes rel. en un un vol. in-*12.

864 Les Aventures provinciales, le Voyage de Falaise, Nouvelles par le Noble. *Paris*, 1707, *in-*12.

865 Gomgam, ou l'Homme prodigieux transporté dans l'air, sur la terre & sous les eaux, (par l'Abbé Bordelon) avec fig. *Paris*, 1712, 2 *vol. in-*12.

866 La Voiture embourbée. *Paris*, 1714, *in-12*.

867 Le Roman comique de Scarron. *Paris*, 1752, 3 *vol. in-12*.

868 Histoire de Giblas de Santillane, par le Sage. *Paris*, 1724, 3 *vol. in-12*.

869 La même. *Paris*, 1747, 4 *vol. in-12*.

870 Le Bâchelier de Salamanque, par le même. *Paris*, 1736; *les six part. rel. en un vol. in-12*.

871 Histoire de D. Ranucio d'Aletes, (par le Sage.) *Venise*, 1736, 2 *vol. in-12*.

872 La même, avec figures. *Venise*, (*Paris*) 1740, 2 *vol. in-12*.

873 La Soirée du Labyrinthe, débauche d'Esprit, suivie du porte-feuille galant par M.***. *Paris*, 1732, *in-12*.

874 Les quatre Veuves, ou Recueil d'Histoires & Avantures plaisantes, par M.***. *Londres*, 1746, *in-12*.

875 La Poupée, par de Bibiena. *La Haye*, 1747, 2 *parties en 1 vol. in-12*.

876 Histoire de Camouflet Souverain Potentat de l'Empire d'Equivopolis. *A Equivopolis*, 1751. —— Réflexions de Mademoiselle ***, Comédienne Françoise. *Paris*, 1750, *in-12*.

877 Histoire de Jac. Feru & de Valeureuse Damoiselle Agathe Mignard. *Paris*, 1766. —— Les Sauvages de l'Europe. *Berlin*, (*Paris*) 1760. —— La Belle au Crayon d'or, Conte. *Paris*, 1765. —— Camedris, Conte, par Mademoiselle Mazarelli. *Paris*, 1765, *in-12*.

878 Le Bravure del Capitano Spavento divise in molti Ragionamenti in forma di Dialogo di Francisco Andreini. *Venezia*, 1609. —— Ragionamenti Fantastici del medesimo Andreini. *Venezia*, 1612, *in-4. couv. en parch*.

879 Les Bigarrures & Touches du Seigneur des Accords, avec les Apophtegmes du sieur Gaulard, & les Escraignes Dijonnoises. *Rouen*, 1648, *in-8*.

880 Les Nuits Sevillanes, ou les Visions de D. Franç. de Quevedo, trad. du portugais en françois par D. Galeo. *Bruxelles*, (*Paris*) 1700, *in-12*.

881 Les subtiles Réponses de Barth. Tægio, trad. par Ant. du Verdier; *in-18. mar. bleu sans frontispice*.

882 Les Facétieuses Nuits du Seigneur Straparole, trad. de l'italien (par Jean Louveau & P. de la Rivey.) (*Paris*) 1726, 2 *vol. in-12*.

883 Roger Bon-Tems en belle humeur, par M.***. *Cologne*, (*Rouen*) 2 *tom. en un vol. in-12*.

Nouvelles.

885 La Fouyne de Séville , ou l'Hameçon des Bourses ;
trad. de l'espagnol de D. Alonço. *Paris* , 1661 , *in-8.*

886 Nouvelles trad. de l'espagnol de Mich. de Cervantes ,
savoir , Rinconet & Cortadille , le Jaloux d'Estremadure ,
& la petite Egyptienne. *Paris* , 1707 , *in-12.*

887 L'Horoscope accomplie , ou Dom Ramire , Nouvelle
Espagnole. *Paris* , 1714 , *in-12.*

888 Hyacinthe , ou le Marquis de Celtas Dirorgo , Nouvelle Espagnole. *Paris* , 1732 , 2 *vol. in-12.*

889 Le Décameron de J. Bocace , trad. en franç. par Ant. le
Maçon. *Paris* , 1545 , *in-fol.*

890 Le même. *Paris* , *in-8.*

891 Histoires tragiques extraites de l'italien de Bandel , par
de Boistuau & de Belle-Forest , avec les nouvelles de Bandel. *Lyon* , *Rouen* , *Paris* , 1582 , 8 *vol. in-16.*

892 Contes & Historiettes divertissantes , tirées du sieur Gui-
chardin & autres , avec plusieurs Dialogues en italien & en
françois. *Paris* , 1688 , *in-12.*

893 L'Heptameron des nouvelles de Marguerite de Valois ,
Reyne de Navarre , remis en son vrai ordre , par Claude
Gruget. *Paris* , 1560 , *in-4. mar. r. lav. regl. doub. de mar.*

894 L'Heptameron ou Hist. des Amans fortunés , nouvelles
de Marguerite de Valois , Reine de France , donnés par le
même. *Amst.* 1698 , 2 *vol. in-12.*

895 Contes & Discours d'Eutrapel , par Noël Dufail de la
Hérissaie. *in-8. sans frontispice.*

896 Les Contes ou les Nouvelles Récréations & Joyeux devis
de Bonaventure des Perriers , avec des Notes de la Monnoye. *Amst.* (*Paris*) 1735 , 3 *vol. in-12.*

897 La haine & l'amour d'Arnoul & de Clairemonde , Hist.
Provençale , par le sieur du Perrier. *Paris* , 1627. ———
Hermiante , ou les deux Hermites contraires , par l'Evêque
du Belley. *Rouen* , 1639 , *in-8. mar. r.*

898 La Maison des Jeux , contenant les divertissemens d'une
Compagnie par des narrations agréables & des jeux d'esprit ,
(par Ch. Sorel.) *Paris* , 1657 , 2 *vol. in-8. mar. bl.*

899 Les Jeux de l'Inconnu , (par Nic. de Vaux.) *Paris* ,
1630 , *in-8.*

900 Histoires sublimes & allégoriques , par Madame la Comtesse D***. *Paris* , 1699 , *in-12.*

901 Les Nouvelles Françoises, ou les Divertissemens de la Princesse Aurélie, par de Segrais, avec figures. *Paris*, 1722, 2 *vol. in-*12.

902 Nouvelles toutes nouvelles, par M. D. L. C. *Paris*, 1709, *in-*12.

903 La Boussole des Amans. *Paris*, 1668, *in-*12.

904 Le Voyage de Fontainebleau, (par Prechac.) *Paris*, 1678, *in-*12.

905 La Noble Vénitienne ou la Bassette, Hist. galante. *Paris*, 1679, *in-*12.

906 La Toilette galante de l'amour. *Paris*, 1683, *in-*12.

907 L'Amour Amant, nouvelle galante. *Lyon*, 1696, *in-*12.

908 L'Heureux Chanoine de Rome, nouvelle galante, ou la Résurrection prédestinée. 1707, *in-*12.

909 Tucile Vestale, nouvelle historique. *Paris*, 1722, *in-*12. *v. f.*

910 Mélisthenes, ou l'illustre Persan, nouv. par M. de P * * *. *Paris*, 1732, *in-*12.

911 Aventures choisies, contenant l'Amour innocent persécuté, l'Esprit folet, le Cœur volant & la Belle aventuriere. *Paris*, 1732, *in-*12.

912 La Veuve en puissance de Mari, nouv. (par Madame de Richebourg.) *Amst.* 1755, 2 *parties en un vol. in-*12.

913 Adélaïde de Messine, nouv. hist. galante & tragique. *Amst.* 1733, 2 *tomes en un vol. in-*12. *fig.*

914 La Pierre philosophale des Dames, on les Caprices de l'Amour & du Destin, nouvelle historique, par l'Abbé de Castra, avec figures. (*Paris*) 1733, *in-*12.

915 Les Saturnales Françoises, par M. * * * (l'Abbé de la Beaume). *Paris*, 1736, 2 *parties en un vol. in-*12.

916 Le Siége de Calais, nouvelle historique (par Madame de Tencin). *La Haye*, 1739, 2 *tomes en un vol. in-*12.

917 La Jeune Américaine & les Contes marins, par Madame de * * * (Villeneuve). *La Haye*, (*Paris*) 1740, 5 *parties en 2 vol. in-*12.

918 L'Heureux Esclave, nouv. avec figures. *Paris*, 1744, *in-*12.

919 L'Académie militaire, ou les Héros subalternes, par P. * * * (M. Daucourt). (*Paris*) 1745, 3 *parties en un vol. in-*12.

920 Léonille nouvelle, par Mademoiselle * * * (Fauque). *Nancy*, 1755, 2 *parties en un vol. in-*8.

I

921 La Tyrannie des Fées détruite, ou l'origine de la machine de Marly. *Paris*, 1756, 2 *parties en un vol. in-12.*

Contes des Fées & Contes merveilleux.

922 Contes de M. Perrault, avec des Moralités. *Paris*, 1724, *in-12.*

923 Hist. ou Contes du tems passé, avec des Moralités, par le même. *La Haye,* (*Paris*) 1742, *in-12.*

924 Les Contes des Fées, par Madame D * * * (Daulnoy). *Paris*, 1757, 4 *vol. in-12.*

925 Les Nouveaux Contes des Fées, par Madame de M. * * * (Murat). *Paris*, 1724. *in-12.*

926 Contes moins Contes que les autres sans parangon & la Reine des Fées. *Paris*, 1724, *in-12.*

927 Les Fées, Contes des Contes. par Madame de * * *. *Paris*, 1725, *in-12.*

928 Trois nouveaux Contes des Fées, par Madame D * * *. *Paris*, 1735, *in-12.*

929 Les Voyages de Zulma dans les pays des Fées, écrits par deux Dames de condition. *Paris*, 1734, *in-12.*

930 Histoire de Fleur d'épine, Conte, par Ant. Hamilton. *Paris*, 1730, *in-12.*

931 Les quatre Facardins, par le même. —— Le Bellier, Conte par le même. 2 *vol. in-12.*

932 Les Mille & une nuit, Contes Arabes, trad. en franç. par Galland. *Paris*, 1726, 12 *vol. in-12.*

933 Les Mille & un jour, Contes Persans, trad. en franç. par Petis de la Croix. *Paris*, 1710, 5 *vol. in 12.*

934 Les Mille & une heure, Contes Péruviens, avec figures. *Amst.* 1733, 2 *vol. in-12.*

935 Les Mille & un quart-d'heure, Contes Tartares, (par Gueulette) avec figures. *Paris*, 1723, 3 *vol. in-12.*

936 Les Mille & une Faveurs, Contes de Cour par le Chevalier de Mouhy. *Londres*, 1740, 8 *tomes en 4 vol. in-12.*

937 Les Sultanes de Guzarate, ou les Songes des Hommes éveillés, Contes Mogols, par M. G * * *. (Gueulette.) *Paris*, 1732, 3 *vol. in-12.*

938 Les Aventures d'Abdalla, fils d'Hanif, avec fig. *Paris*, 1745, 2 *tomes en un vol. in 12.*

939 Histoire du Prince Titi. *Bruxelles,* (*Paris*) 1736, *in-12.*

940 Histoire du Roi de Campanie & de la Princesse parfaite. *Paris*, 1736, *in-12.*

941 Funestine, (par de Beauchamp.) *Paris*, 1737. —— Aca-
jou & Zirphile, Conte (par Duclos) avec des figures deffi-
nées par Boucher. *Minuties*, (*Paris*) 1744, *in-12*.

942 Tecferion, par B. de S. (*Paris*) 1737, *in-12*.

943 Féeries nouvelles (par le Comte de Caylus.) *La Haye*,
(*Paris*) 1741, *2 vol. in-12*.

944 Le Prince glacé & la Princesse étincelante ; la Princesse
couleur de rofe & le Prince Celadon, Contes (par Mademoifelle de Lubert.) *La Haye*, (*Paris*) 1743, *in-12*.

945 Cinq Contes des Fées, fçavoir le Prince des Cœurs & la
Princesse Grenadine ; la Princesse Azerolle, ou l'excès de
la conftance ; Fleurette & Abricot ; le Loup galleux ; Belli-
nette ou la jeune Vieille. (*Paris*) 1745, *in-12*.

946 Contes des Fées. *La Haye*, (*Paris*) 1745, *3 vol. in-12*.

947 Hiftoire du Roi Splendide & de la Princesse Hétéroclite,
(par M. Païon.) 1747, *2 part. en 1 vol. in-12*.

948 Grigri, Hiftoire véritable, (par de Cahufac.) *A Nan-
gasuki*, (*Paris*) *l'an du monde* 19749, *2 parties en un vol.
in-12*.

949 Nérair & Melhoé, Conte ou Hiftoire ; Ouvrage orné de
digreffions. *Imprimé à ***. l'an de l'âge de l'Auteur*, 70.

950 Le Livre d'Airain, Hiftoire Indienne, (par M. de la
Dixmerie.) (*Paris*) 1759, *in-12*.

951 Aihcrappih, Hiftoire Grecque. —— Le Prince Ananas &
la Princesse Mouftelle, Conte. *La Haye*, (*Paris*) *in-12*.
v. m. fil.

952 Bibliothéque des Génies & des Fées. *Paris*, 1775, *2 vol.
in-12*.

953 Les Contes & Fables Indiennes de Bidpaï & de Lok-
man, trad. d'Al Tichelebi-Ben Salch, par Galland. *Paris*,
1724, *2 vol. in-12*.

954 Contes moraux de Marmontel. *La Haye*, (*Paris*) 1761,
2 vol. in-12.

955 Contes, Aventures & Faits finguliers, recueillis de
l'Abbé Prevoft. *Paris*, 1764, *2 vol. in 12*.

Voyages imaginaires.

956 La Vie & les Aventures furprenantes de Robinfon Cru-
foé, trad. de l'anglois, avec figures. *Paris*, 1761, *3 vol.
in-12*.

957 Voyages de Gulliver, (trad. de l'anglois du Docteur

Swift, par l'Abbé Desfontaines.) *Paris*, 1727, 2 *tom. en* 1 *vol. in* 12.

958 Voyage merveilleux du Prince Fan-Feredin dans la Romancie, &c. (attribué au P. Bougean.) *Paris*, 1735, *in-12.*

959 Voyages de Milord Ceton dans les sept Planetes, ou le nouveau Mentor, trad. par Madame de R. R. *Paris*, 1765, 4 *vol. in-12.*

Collections de Romans & de Nouvelles.

960 Le Trésor des Histoires tragiques de Franç. de Belle-Forest, contenant les Harangues, Discours, Complaintes, Missives, & autres Propos remarquables contenus en icelles. *Paris*, 1581, *in-16.*

961 Histoires prodigieuses extraites de divers Auteurs, par Boistuau de Belle-Forest & autres. *Paris*, 1598, 6 *tomes en* 2 *vol. in-16. fig.*

962 Le Bouquet historial, recueilli des meilleurs Auteurs, Grecs, Latins & François, par M. F. *Paris*, 1667, *in-12.*

963 Œuvres de Madame Hortense des Jardins de Villedieu. *Paris*, 1721, 12 *vol. in-12.*

964 Les Journées Amusantes, par Madame de Gomez. *Paris*, 1724, 8 *vol. in-12.*

965 Les Cent Nouvelles nouvelles, par la même. *Paris*, 1732, 14 *vol. in-12.*

966 Œuvres de Madame Durand. *Paris*, 1757, 6 *vol. in-12.*

967 Amusemens des Dames ou Recueil d'Histoires galantes. *La Haye*, 1740, 6 *tom. en* 3 *vol. in-12.*

968 Recueil de Romans historiques. *Londres*, (*Paris*) 1746, 4 *tomes en* 2 *vol. in-12.*

969 Bibliothéque de Campagne, ou Amusemens de l'Esprit & du Cœur. *Lyon*, 1766, 24 *vol. in-12.*

970 Mémoires & Aventures de * * *. trad. de l'italien. *Paris*, 1755. —— Mémoires de Mademoiselle de Mainville, ou le feint Chevalier, par le Marquis d'Argens. *La Haye* (*Paris*) 1736. —— Histoire du Comte d'Oxfort, de Miledi, d'Herby, d'Eustache de Saint-Pierre & de Béatrix de Guines, au siége de Calais, par Madame de Gomez. *Paris*, 1737, *in-12.*

971 La Capitale des Gaules, ou la Nouvelle Babylone (par Monbron.) *La Haye*, (*Paris*) 1759. —— Nouveaux Mé-

moires pour fervir à l'Hiftoire des Cacouacs. *Amft.* (*Paris*) 1757. —— Voyages d'Alcimédon, ou Naufrage qui conduit au Port. *Amft.* (*Paris*) 1759. —— La Berlue. *Londres,* (*Paris*) 1759, *in-12.*

972 Les Promenades & Rendez-vous du Parc de Verfailles, (par M. Huerne de la Motte.) *Paris,* 1762, *2 part. en un vol. in-12.*

P H I L O L O G U E S   C R I T I Q U E S.

973 Dictionnaire, à l'ufage des Beaux-Efprits de ce Siécle, avec l'Eloge hiftorique de Pantalon-Phébus (par l'Abbé De fontaines). 1726, *in-12.*

974 De l'Efprit, Difcours de M. le Chevalier de Meré à Madame * * *. *Paris,* 1677, *in-12.*

975 Les Nuits Parifiennes, à l'imitation des Nuits Attiques d'Aulu-Gelle. *Paris,* 1767, *2 vol. in-8.*

Satyres, Apologies, Défenfes, &c.

976 Apologie pour Hérodote, ou Traité de la conformité des Merveilles anciennes avec les modernes, par Henri Eftienne, avec des remarques par le Duchat. *La Haye,* 1735, *3 vol. in-12.*

977 Le Chef d'œuvre d'un Inconnu, **avec des remarques de** Chryfoft. Matanafius (Themifeuil de Saint-Hyacinthe.) *La Haye,* 1732, *2 vol. in-12.*

978 Le même. *Laufanne,* 1758, *2 vol. in-8.*

979 Le Conte du Tonneau, contenant tout ce que les Sciences & les Arts ont de plus myftérieux, avec plufieurs autres piéces trad. de l'anglois du Docteur Swift (par M. l'Abbé Sonnier.) *La Haye,* 1721, *2 tomes en 1 vol. in-12.*

980 Le même. *La Haye,* 1741, *2 tomes en un vol. in-12.*

981 Recueil des piéce du Régiment de la Calotte. *Paris, l'an de l'Ere Calotine* 7726, *in-12.*

982 La Wafprie, ou l'Ami Wafp, revu & corrigé (par M. le Brun.) *Berne,* (*Paris*) 1761, *2 parties en un vol. in-12.*

983 Apologie pour les grands Perfonnages foupçonnés fauffement de Magie, par Gabriel Naudé. *Paris,* 1625, *in-8.*

984 Anacréon vengé, ou Lettres au fujet d'une prétendue Traduction d'Anacréon, annoncée & louée fans caufe, par les Auteurs de l'Année Littéraire. *Paris,* 1757, *in-12.*

985 Histoire du Différend entre les Jésuites & M. de Santeuil, au sujet de l'Epigramme de ce Poëte pour M. Arnauld. *Liége*, 1697. —— Histoire de la Conjuration faite à
Stokolm contre M. Descartes. *Paris*, 1695. —— L'Art de
prêcher, *Poëme par l'Abbé de Villiers. Cologne*, 1692 ——
Recueil de Lettres galantes & amoureuses d'Héloïse & Abailard. *Amsterd.* 1699, *in* 12.
986 Ressource contre l'Ennui, ou l'Art de briller dans les conversations. *Paris*, 1766, 2 *vol. in*-12.

*Dissertations philologiques, critiques, allégoriques, enjouées,
&c.*

987 L'Eloge de la Folie, trad. du latin d'Erasme, par Gueu-
deville. (*Paris*) 1757, *in*-12 *fig.*
988 Amusemens sérieux & comiques de Dufresny. *Paris*,
1698, *in*-12. *sans titre.*
989 Réflexions sur les grands hommes qui sont morts en
plaisantant. *Amst.* 1732, *in*-12.
990 L'Art de ne point s'ennuyer, par Deslandes. *Paris*,
1715, *in*-12.
991 Le Renard, ou le Procès des Fêtes, avec figures. *Bruxelles*, 1739, *in*-8.
992 Nouveau Recueil des Factums du Procès d'Ant. Furre-
tiere & l'Académie Françoise. *Amst.* (*Rouen*) 1694, 2
vol. in-12.

Traités sur l'Amour & sur les Femmes.

994 Devises & Emblêmes d'Amour moralisés, gravés par
Alb. Flamen. *Paris*, 1672, *in* 12.
995 L'Académie des Philosophes sur l'Amour, par L. Las-
peireres. *Paris*, 1642, *in* 8.
996 Recueil de divers Ecrits sur l'Amour, l'Amitié, la Vc-
lupté, la Politesse, les Sentimens agréables, l'Esprit & le
Cœur, (par Madame la Marquise de Lambert, & autres,)
donné par Themiseul de Saint Hyacinthe. *Bruxelles*,
(*Paris*) 1736, *in*-12. *broché.*
997 La Liberté des Dames. *Paris*, 1685, *in*-12.

Sentences, Apophtegmes, Adages, Proverbes & Bons mots.

999 Proverbios y Sentencias de Lucio Anneo Seneca, y de
don Inigo Lopes de Mendoca Glofados, por el Dóctor
Pedro Diar. *Anvers,* 1552, *in-12. mar. r.*

1000 Dictionnaire des Proverbes François & des Façons de
parler comiques, burlefques & familieres, &c. *Paris,*
1749, *in-8.*

1001 Sentences & Proverbes Italiens, trad. en françois par
Jac. Dubois de Gomincourt. *Lyon,* 1702, *in-8.*

1002 Scaligerana. *Colon. Agrippinæ,* 1667, *in-12.*

1003 Perroniana & Thuana, Editio fecunda. *Coloniæ Agrippinæ,* 1669, *in-12.*

1004 Menagiana, ou Bons mots & Remarques de Gilles
Ménage, recueillis (par M. de la Monnoye.) *Paris,*
1715, 4 *vol. in-12.*

1005 Santeuilliana, ou les Bons mots de M. de Santeuil,
avec un Abrégé de fa Vie & un Mélange de Littérature
fur fes Ouvrages. *La Haye,* (*Paris*) 1710, 2 *tom. en un
vol. in-12. br.*

1006 La Vie & les Bons mots du même. *Cologne,* 1742, 2
tom. en un vol. in-12.

1007 Segraifiana, ou Mélange d'Hiftoire & de Littérature,
recueilli des Entretiens de M. de Segrais ; *in-8. fans titre, veau fauve.*

<h3 align="center">POLYGRAPHES.</h3>

1009 Les Effais de Michel Seigneur de Montaigne. *Paris,*
1640, *in-fol.*

1010 Les mêmes, donnés avec des notes, par P. Cofte. *Paris,* 1725, 3 *vol. in-4.*

1011 Les mêmes. *La Haye,* 1727, 5 *vol. in-12.*

1012 Œuvres de M. de Balzac. *Paris,* 1574 & *fuiv.* 10
vol. in-12.

1013 Œuvres de Fr. De la Mothe le Vayer. *Paris,* 1654,
2 *vol. in-fol. v. f. fil.*

1014 Les Œuvres de Voiture. *Paris,* 1654, *in-4.*

1015 Les Œuvres de Théophile. *Paris,* 1660, *in-12.*

1016 Recueil de quelques pieces nouvelles & galantes, tant
en profe qu'en vers. *Cologne,* 1684, 2 *tom. en un vol.
in-12.*

1017 Œuvres de Jean-Franç. Sarafin. *Paris*, 1685, 2 *vol. in-12.*

1018 Œuvres de Scarron, avec le Virgile travefti, les Nouvelles tragi-comiques, & fes dernieres Œuvres. *Paris*, 1684 & *fuiv.* 4 *vol. in-12.*

1019 Les mêmes. *Paris*, 1700, 8 *vol. in-12.*

1020 Les Œuvres de le Pays, contenant fes Lettres, & Amitiés, Amours & Amourettes, avec diverfes piéces de vers. *Paris*, 1664, & *Amft.* 1715, 3 *tom. en* 2 *vol. in-12.*

1021 Recueil de piéces galantes en profe & en vers de Madame la Comteffe de la Suze & de Paul Peliffon. *Lyon*, 1695, 4 *vol. in-12.*

1022 Le même. *Trévoux*, 1725, 4 *vol. in-12.*

1023 Œuvres de Charl. Denis de Saint Evremond. *Londres*, 1725, 7 *vol. in-12.*

1024 Les mêmes, avec la Vie de l'Auteur par des Maizeaux. (*Paris*) 1740, 10 *vol. in-12.*

1025 Œuvres diverfes de P. Bayle. *La Haye*, 1727, 4 *vol. in-fol.*

1026 Penfées diverfes écrites à un Docteur de Sorbonne, fur la Comete qui parut en 1680, par le même. *Rotterdam*, 1704, 4 *vol. in-12.*

1027 Œuvres mêlées en profe & en vers, par le C. Ant. Hamilton. (*Paris*) 1749, 6 *vol. in-12.*

1028 Œuvres de Céfar Vichard de S. Réal. *Paris*, (*Trévoux*) 1724, 4 *vol. in-12.*

1029 Œuvres diverfes de Fontenelle, contenant fes dialogues, fa pluralité des mondes, l'Hiftoire des Oracles, &c. avec figures. *Londres*, 1710, 2 *vol. in-12.*

1030 Œuvres pofthumes du Chevalier Temple. *Utrecht*, 1704, *in-12. v. f.*

1031 Le Voyage du Parnaffe, Ouvrage allégorique en vers & en profe. *Rotterdam*, 1716, *in-12.*

1032 Recueil de différentes chofes. 1737, *in-4.*

1033 Œuvres mêlées, tant en profe qu'en vers, par de Moncrif. *Paris*, 1743, *in-12.*

1034 Les mêmes. *Paris*, 1751, 3 *vol. in-12. mar. r.*

Efprit & Penfées de différens Auteurs.

1035 Extraits de tous les beaux endroits des Ouvrages des
plus

plus célébres Auteurs de ce tems, par Corbinelli. *Amst.* 1681, *4 tomes en 3 vol. in-12.*

1036 L'Esprit de Guy Patin, tiré de ses Conversations, de son Cabinet, de ses Lettres & de ses autres Ouvrages. *Amst.* (*Paris*) 1713, *in-12.*

1037 Les Pensées de J. J. Rousseau. *Paris*, 1766, *2 vol. in-12.*

1038 Les Pensées de Pope, avec un Abrégé de sa vie. *Genéve*, (*Paris*) 1766, *in-12.*

Mélanges de Littérature.

1039 Recueil général des questions traitées ès Conférences du Bureau d'adresse, sur toutes sortes de matieres. *Paris*, 1656, *4 vol. in-8.*

1040 La maniere de bien penser dans les Ouvrages d'esprit, en quatre Dialogues (par le P. Bouhours.) *Amst.* 1688, *in-12.*

1041 Conversations nouvelles sur divers sujets. *Paris*, 1684, *2 vol. in·12.*

1042 Mélanges d'Histoires & de Littératures, recueillies des entretiens de M. de Segrais. *Manusc. in-fol.*

1043 Recueil de piéces en prose & en vers, lues dans les Assemblées publiques de l'Académie Royale des Belles-Lettres de la Rochelle. *Paris*, 1747, *in-8. mar. r.*

1044 Mélanges de Poësies, de Littérature & d'Histoire, par l'Académie de Montauban, années 1744, 1745 & 1746. *Montauban*, 1750, *in·8.*

1045 Variétés historiques, physiques & littéraires. *Paris*, 1752, *3 vol. in-12. manque la premiere Partie du premier volume.*

1046 Amusemens philosophiques & littéraires de deux Amis, (par M. le Comte Turpin & M. Castillon). *Paris*, 1754, *in·12.*

1047 Bibliotheque amusante & instructive, contenant des anecdotes intéressantes, &c. *Paris*, 1753, *in-12.*

1048 Récréations littéraires ou Pensées choisies sur différens sujets, par M. L***. *Paris*, 1759. —— Epitre à l'amitié. *Paris*, 1759. —— Hommage sur la Paix, (par Madame Bourette). *Paris*, 1763. —— Lucina sinè concubitu : Lettre dans laquelle on prouve qu'une femme peut concevoir & accoucher sans avoir de commerce avec aucun homme. (*Paris*) 1750, *&c. in-12.*

K

1049 Eloge de Louis, Dauphin de France, par M. Thomas. *Paris*, 1766. —— Eloge de Maximilien de Béthune, Duc de Sully, par le même. *Paris*, 1763. ——Le Génie, le Goût & l'Esprit, Poëme en quatre chants, (par M. du Rosoy). *La Haye*, (*Paris*) 1756. —— Plaidoyer de M. l'Avocat Général du Sénat littéraire sur le méchanisme de l'Univers. *Paris*, 1768. —— Lettre au Comte de Butte, à l'occasion de la retraite de M. Pitt, trad. de l'angl. *Londres*, (*Paris*) 1761. —— Lettre sur la mort de M. Richmann, tué par le tonnerre, &c. *in-8*.

D I A L O G U E S.

1050 Lucien, trad. en franç. avec des remarques par Nic. Perrot d'Ablancourt. *Paris*, 1707, 3 *vol. in-*12.

1051 Cymbalum mundi, ou Dialogues sur différens sujets par Bonaventure des Perriers, avec une Lettre critique sur cet Ouvrage, par Prosper Marchand & des remarques de plusieurs Sçavans. *Amst.* (*Paris*) 1732, *in-*12. *br. fig.*

1052 L'Exameron Rustique, ou les six journées passées à la campagne entre deux personnes studieuses, par François de la Motte le Vayer. *Amst.* 1671, *in-*12. *couvert en parchemin.*

1053 Entretiens sur les anciens Auteurs, contenant en Abrégé leurs vies & le jugement de leurs Ouvrages, avec plusieurs extraits de leurs écrits, par M. ***. *Paris*, 1697, *in-*12.

1054 Dialogues entre Messieurs Patru & d'Ablancourt sur les plaisirs. *Paris*, 1701, 2 *vol. in-*12.

1055 Entretiens littéraires & galans, avec les aventures de D. Palmerin & de Thamire, par du Perron de Castera. *Amst.* 1738, 2 *vol. in-*12. *br.*

1056 Dialogues ou Entretiens entre Bélise & Emilie, femmes sçavantes aux Champs Elisées, par le S***. *Rouen*, 1709, *in-*12.

1057 Dialogues moraux, suivis de l'Histoire d'un Baron Picard, par M. de C***. *Paris*, *in-*12.

E P I S T O L A I R E S.

1058 Les Lettres de Pline le jeune, trad. (par de Sacy). *Paris*, 1721, 3 *vol. in-*12.

1059 Recueil de Lettres galantes & amoureuses d'Héloïse à Abailard, d'une Religieuse Portugaise au Chevalier ***,

& celles de Cléante & de Belise, avec l'Histoire de la Matrone d'Ephèse. *Amst.* 1706, *in-12. mar. bl. doublé de mar. r.*

1060 Lettres choisies de Guy Patin. *La Haye,* (*Trévoux*) 1715, 3 *vol. in-12.*

1061 Lettres de Roger de Rabutin, Comte de Bussy. *Paris,* 1706, 4 *vol. in-12.*

1062 Recueil des Lettres de Marie Rabutin-Chantal, Marquise de Sevigné à la Comtesse de Grignan sa fille. *Paris,* 1734, 8 *vol. in-12. dont les quatre premiers mar. citr. & les derniers br.*

1063 Lettres de Madame de Maintenon. *Nancy,* 1752, 2 *vol. pet. in-12. rel. en un.*

1064 Lettres d'amour d'une Religieuse Portugaise. *La Haye,* 1697. —— Hist. d'Héloïse & d'Abailard. *La Haye,* 1696, *in-12.*

1065 Lettres nouvelles de Boursault. *Paris,* 1699, 2 *vol. in-12.*

1066 Lettres hollandoïses anti poëtiques de Mademoiselle de Hooghart, avec les réponses de Madame * * *. *Amst.* 1726, *in-12.*

1067 Lettres historiques & galantes de Madame du Noyer. *Londres,* (*Paris*) 1741, 6 *vol. in-12.*

1068 Lettres historiques & galantes de deux Dames de condition, par Madame de C * * * (du Noyer). *Amst.* (*Rouen*) 1720, 4 *vol. in-12.*

1069 Lettres de J. B. Rousseau sur différens sujets. *Genève,* (*Paris*) 1749, 3 *vol. in-12.*

1070 Lettres galantes, par de Fontenelle. *Paris,* 1723, *in-12.*

1071 Lettres Persannes, (par le Président de Montesquieu). *Amst.* (*Paris*) 1721, 2 *vol. in-12.*

1072 Lettres familieres du même. *Paris,* 1767, *in-12.*

1073 Lettres d'un François, (par l'Abbé le Blanc). *La Haye,* (*Paris*) 1745, 3 *vol. in-12. br.*

1074 Lettres d'une Péruvienne, (par Madame de Graffigny). *Peine,* (*Paris*) *in-12.*

1075 Nouvelles Lettres Persannes, trad. de l'angl. *Londres,* (*Paris*) 1735, *in-12.*

1076 Lettres de la Marquise de M * * *, au Comte de R * * *, par M. de Crébillon fils. *La Haye,* (*Paris*) 1738, 2 *part. en un vol. in-12.*

1077 Lettres d'un Sauvage dépaysé, contenant une critique des mœurs du siécle. *Amst.* 1738, *in-12. br.*

1078 Lettres Turques & Lettres de Nedim Cogghia, (par M. de S. Foix). (*Paris*) 1750 , *in-*12.

1079 Lettres de M. * * * à un ami. 1750 , *in-*12.

1080 Lettres d'amour du Chevalier de * * *. *Londres*, (*Paris*) 1752, *4 parties en un vol. in-*12.

1081 Lettres de Miftrifl Fanni Butlerd à Mylord Charles Alfred , trad. de l'angl. (par Madame Riccoboni). *Amft.* (*Paris*) 1757 , *in-*12.

1082 Lettres de Milady Juliette Catefby à Milady Henriette Campley fon amie , (par la même). *Amft.* 1759 , *in-*12.

1083 Les mêmes. *Amft.* (*Paris*) 1762 , *in-*12.

1084 Lettres du Marquis de Rofelle , par Madame * * * (Elie de Beaumont). *Londres*, (*Paris*) 1764 , *in-*12.

1085 Lettres & Poëfies de la Comtefle de B..... (*Paris*) 1766 , *in-*12.

1086 Lettres d'Adélaïde de Dammartin , Comtefle de Sancerre au Comte de Nancé, par Madame Riccoboni. *Paris*; 1767, *2 parties en un vol. in-*12.

1087 Lettres du Colonel Talbert , (par Madame Benoît). *Paris* , 1767 , *4 vol. in-*12.

1088 Le Nouveau Secrétaire de la Cour. *in-*12. *fans frontifpice.*

1089 Le Nouveau Secrétaire du Cabinet. *Paris*, 1759 , *in-*12.

HISTOIRE.

GÉOGRAPHIE.

Géographie proprement dite , ou Cofmographie & Defcription de l'Univers.

1090 GÉOGRAPHIE hiftorique univerfelle & particuliere par de Refuge. *Paris*, 1646, *in-*4. *couv. en parch.*

1091 Defcription de l'Univers , par Allain Manefion Mallet, avec figures. *Paris*, 1683, *5 vol. in-*8. *mar. r.*

1092 Le Parterre Géographique & Hiftorique , par le fieur de Bouis, avec figures. *Paris*, 1753, *in-*8. *mar. r.*

1093 La Topographie de l'Univers, par l'Abbé d'Expilly. *Paris*, 1758, *2 vol. in-*8. *mar. r. dent.*

1094 Le Géographe Manuel, par le même. *Paris*, 1757, *in*-12.

1095 Le même. *Paris*, 1759, *in*-12.

Grammaires & Dictionnaires Géographiques.

1096 Méthode Abrégée & facile pour apprendre la Géographie, dédiée à Mademoiselle de Crozat. *Paris*, 1758, *in*-12.

1097 Dictionnaire Géographique & Historique, par Th. Corneille. *Paris*, 1708, 3 *vol. in-fol.*

1098 Le Grand Dictionnaire Géographique & Critique, par Bruzen de la Martiniere. (*Holl.*) 1726, 9 *vol. in-fol.*

1099 Dictionnaire Géopraphique portatif, trad. de l'anglois de Laur. Echard, par Vosgien. *Paris*, 1747, *in*-8.

1100 Le même. *Paris*, 1749, *in*-8.

1101 Dictionnaire des Postes, par Guyot. *Paris*, 1754, *in*-4.

Descriptions & Cartes Géographiques.

1102 Cartes Générales de toutes les Parties du Monde, par les sieurs Samson. *Paris*, 1667, 2 *vol. in-fol. gr. pap.*

1103 Cartes Géographiques, ou Théâtre de la France, par Sanson & autres ; *in-fol.*

1104 Recueil de diverses Cartes de l'Europe ; *in-fol. br.*

1105 Carte des Etats de Piémont & de Savoye, monté sur gorge noire, & collée sur toile.

V O Y A G E S.

Collections de Voyages & Relations.

1106 De l'Utilité des Voyages, & de l'Avantage que la recherche des Antiquités procure aux Savans, par Baudot de Dairval. *Rouen*, 1727, 2 *vol. in*-12. *fig.*

1107 Recueil de Voyages de Thévenot. *Paris*, 1681, *in*-8. *fig.*

1108 Recueil des Voyages qui ont servi à l'établissement de la Compagnie des Indes Orientales, formée dans les Provinces-Unies des Pays-Bas, par de Constatin, avec fig. *Amst.* 1703 & *suiv.* 7 *vol. in*-12.

1109 Recueil de Voyages au Nord, contenant divers Mémoires utiles au Commerce & à la Navigation, &c. *Rouen*, 1716 & 1719, 4 *vol. in*-12.

1110 Les Voyageurs modernes, (par de Puyſieux.) *Paris*, 1760, 4 *vol. in-12.*

1111 Le Voyageur François, ou la Connoiſſance de l'ancien & du nouveau Monde, (par M. l'Abbé de la Porte.) *Paris*, 1765, 2 *vol. in-12.*

Voyages en diverſes Parties du Monde.

1112 Nouveau Voyage au Nord, par Dampier. *Rouen*, 1715, 5 *vol. in-12. fig.*

1113 Voyage de Guillaume Dampier au Tour du Monde, &c. *Rouen*, 1723, 5 *vol. in-12. fig.*

1114 Voyage au Tour du Monde, par Woodes Rogers, trad. de l'anglois. *Amſterd.* 1716, 2 *vol. in-12.*

1115 Viaggi fatti da Vinetia alla Tana, in Perſia, in India, & in Coſtantinopoli. *In Vineʒia, Aldos*, 1543, *in-8.*

1116 Relation du Voyage d'Adam Olearius en Moſcovie, Tartarie & Perſe, avec le Voyage de Jean Albert de Mandelſlo aux Indes Orientales, traduit de l'allemand, par A. de Wicquefort. *Paris*, 1679, 2 *vol. in-4.*

1117 Voyage en divers Etats d'Europe & d'Aſie, entrepris pour découvrir un nouveau chemin à la Chine. *Paris*, 1693, *in-12.*

Voyages d'Europe.

1118 Ludovici-Henrici Lomenii, Briennæ Comitis, Itinerarium, ex editione Caroli Patin. *Pariſiis*, 1662, *in-8.*

1119 Voyage Littéraire de deux Bénédictins (D. Edmond Martene & D. Urſin Durand,) avec figures. *Paris*, 1717, *in-4.*

1120 Hiſtoire d'un Voyage Littéraire fait en 1733 en France, en Angleterre & en Hollande, avec une Lettre ſur les prétendus Miracles de M. Pâris, & ſur les convulſions riſibles du Chevalier de Folard (par Jordan.) *La Haye*, 1735, *in-12.*

1121 Voyages hiſtoriques de l'Europe, par C. Jordan. *Paris*, 1695 & 1696, 6 *vol. in-12.*

1122 Mémoires & Voyages du R. P. de Singlande au Mont de la Garniſon, Ville & Forts de Cette en Languedoc. *Paris*, 1765, 2 *vol. in-12. mar. r.*

1123 Nouveau Voyage d'Italie (par Miſſon.) *La Haye*, 1698, 3 *vol. in-12. fig.*

1124 Nouveau Voyage d'Italie, avec un Mémoire contenant

des avis pour ceux qui voudront faire le même voyage, par Maximilien Misson, & un Supplément par Addisson, avec fig. *La Haye*, (*Paris*) 1722, 4 *vol. in-*12.

1125 Remarques historiques & critiques faites dans un Voyage d'Italie en Hollande, pendant l'année 1704, &c. *Cologne*, 1705, 2 *vol. in-*8. *couv. en parchemin.*

1126 Voyage en France, en Italie & aux Isles de l'Archipel, trad. de l'anglois (par de Puysieux.) *Paris*, 1763, 4 *vol. in-*12.

1127 Journal du Voyage d'Espagne, contenant une Description de ses Royaumes & de ses principales Villes, &c. *Paris*, 1682, *in-*4.

1128 Voyage du P. Labat en Espagne & en Italie, avec fig. *Paris*, 1730, 8 *vol. in-*12.

1129 Voyage de Monconis en Europe, Asie, Afrique, &c. donnés par de Liergues, avec fig. *Lyon*, 1665, 3 *vol. in-*4.

1130 Les Voyages de M. Payen en Angleterre, Flandre, Brabant, Hollande, Danemark, &c. (*Paris*) 1667, *in-*12.

1131 Relation du Voyage de Sa Majesté Britannique en Hollande, & de la réception qui lui a été faite, avec des figures de R. de Hoodge. *La Haye*, 1692, *in-fol.*

1132 Relation de plusieurs Voyages faits en Hongrie, Servie, Bulgarie Maudoine, Thessalie, Austriche, Styrie, Carinthie, Carniole & Friuli, trad. de l'anglois d'Edouard Brown, avec fig. *Paris*, 1674, *in-*4.

1133 Relation du Voyage de la Royne de Pologne (Marie de Gonzague,) avec un Traité particulier du Royaume de Pologne, par Jean le Laboureur. *Paris*, 1647, *in-*4.

1134 Les Voyages de Deshayes, Baron de Courmesvin, en Danemark, par le sieur P. M. L. *Paris*, 1664, *in-*12.

1135 Nouveau Voyage du Nord, dans lequel on voit les Mœurs & les Superstitions des Nowerghiens, des Lappons, &c. par le sieur * * *. (de la Martiniere.) avec figures. *Amst. in-*12.

1136 Voyage des Pays Septentrionaux, par le même, avec fig. *Paris*, 1671, *in-*8.

1137 Relation d'un Voyage du Chevalier de Bellerive, d'Espagne à Bender. *Paris*, 1713, *in-*12. *v. br. tr. dor.*

1138 Relation nouvelle d'un Voyage de Constantinople, par Grelot. *Paris*, 1680, *in-*4. *couvert en parchemin.*

1139 Voyage de Constantinople pour le rachat des Captifs, par le P. Jehannot. *Paris*, 1732, *in-*12.

Voyages d'Asie, d'Afrique & d'Amérique.

1140 Voyage du sieur Paul Lucas au Levant. *Paris*, 1704, 2 vol. *in* 12.

1141 Voyage du même, fait par ordre du Roi dans la Grece, &c. *Paris*, 1712, 2 vol. *in-12*.

1142 Voyage du même, fait en 1714 dans la Turquie, &c, avec fig. *Rouen*, 1724, 3 vol. *in-12*.

1143 Voyage au Levant, par Corn. le Brun, avec fig. *Paris*, 1714, *in-fol. gr. pap. relié en velin*.

1144 Voyage du même par la Moscovie, en Perse & aux Indes Orientales, avec figures. *Amst* 1718, 2 vol. *in-fol. rel. en velin*.

1145 Voyage au Levant, par Pitton de Tournefort. *Lyon*, 1717, 3 vol. *in-8. fig*.

1146 Voyage du Chevalier Chardin. *Amst.* 1711, 10 vol. *in-12. fig*.

1147 Voyage de J. Bapt. Tavernier. *Rouen*, 1713, 6 vol. *in-12*.

1148 Voyage en Turquie & en Perse, par Otter. *Paris*, 1748, 2 vol. *in-12*.

1149 Voyage de François Pyrard de Laval aux Indes Orientales, Maldives, Moluques, & au Brésil, avec des Observations Géographiques par Duval. *Paris*, 1679, *in-4*.

1150 Nouveau Voyage aux Grandes Indes, par Luillier, & un Traité des Maladies particulieres aux Pays Orientaux, & de leurs remedes, par M. D. L. F. &c. *Rotterdam*, 1726, *in-12*.

1151 Voyages de J. Albert de Mandelslo de Perse aux Indes Orientales, donnés par Adam Olearius, & trad. en françois par de Vicquefort, avec figures. *Amst.* 1727, 2 vol. *in-fol*.

1152 Les Voyages de Glantzby dans les mers Orientales de la Tartarie, avec les Avantures surprenantes des Rois Loriman & Osmmindor Princes Orientaux. *Paris*, 1729, *in-12*.

1153 Journal du Voyage de Siam fait en 1685 & 1686, (par Fran. Timoléon de Choisy.) *Paris*, 1687, *in-4*.

1154 Divers Voyages du P. Alexandre de Rhodes en la Chine & autres Royaumes de l'Orient. *Paris*, 1666, *in-4*.

1155 Divers Voyages de la Chine, & autres Royaumes de l'Orient. *Paris*, 1681, *in-4*.

1156 Voyages de Fran. Bernier. *Amst.* (*Rouen*) 1711, **2** *vol. in 12*.

1157 Relation en forme de Journal du Voyage pour la Rédemption des Captifs aux Royaumes de Maroc & d'Alger pendant les années 1723, 1724 & 1725, par le P. J. de la Faye. *Paris*, 1726, *in-12*.

1158 Relation de ce qui s'est passé dans les trois Voyages faits par les Religieux de la Mercy à Maroc. *Paris*, 1724, *in-12*.

1159 Voyage de l'Arabie Heureuse. *Paris*, 1715, *in-12*.

1160 Voyage du Chevalier Des Marchais en Guinée, Isles voisines & Cayenne, en 1725, 1726 & 1727, donné par le P. Labat, avec figures. *Paris*, 1730, 4 *vol. in-12*.

1161 Journal historique du dernier Voyage de M. de la Sale dans le Golfe du Mexique, pour trouver l'embouchure & le cours de la riviere de Missicipi par Joutel, rédigé par de Michel. *Paris*, 1713, *in-12*.

1162 Voyages du Baron de la Hontan dans l'Amérique Septentrionale, & ses Voyages en Danemarck & en Portugal, avec figures. *Amsterdam*, (*Paris*) 1728, 2 *vol. in-12*.

1163 Nouvelle Relation de l'Afrique Occidentale, par le P. J. B. Labat, avec figures. *Paris*, 1728, 5 *vol. in-12*.

1164 Relation Historique de l'Ethiopie Occidentale, par le même, avec fig. *Paris*, 1732, 5 *vol. in-12*.

1165 Nouvelle Relation contenant les Voyages de Thomas Gage dans la Nouvelle-Espague, &c. *Amst.* 1720, 2 *vol. in-12. fig.*

1166 Voyage de Lionnel Waffer, traduits de l'anglois, par de Montirat. *Paris*, 1706, *in-12*.

1167 Journal du Voyage fait à la Mer du Sud, avec les Flibustiers de l'Amérique, par Raveneau de Lussan. *Paris*, 1705, *in-12*,

1168 Relation du Voyage de la Mer du Sud aux Côtes du Chili, du Pérou, & du Brésil, fait pendant les années 1712, 13 & 14, par Frezier. *Amst.* 1717, 2 *vol. in-12. fig.*

1169 Voyage du Capitaine Robert Lade en différentes parties de l'Afrique, de l'Asie & de l'Amérique, trad. de l'angl. (par l'Abbé Prevost.) *Paris*, 1744, 2 *vol. in-12. br.*

1170 Histoire des Aventuriers Flibustiers qui se sont signalés dans les Indes, par Alex. Oexmelin. *Paris*, 1699, 2 vol. *in*-12. *fig*.

1171 Aventures du Chevalier de Bauchesne, Capitaine des Flibustiers, dans la Nouvelle-France, rédigées par le Sage. *Paris*, 1732, 2 vol. *in*-12.

1172 Voyage de Madagascar connu sous le nom de l'Isle de Saint-Laurent, par M. de V. *Paris*, 1722, *in*-12.

1173 Voyage au nouveau Monde, & Histoire intéressante du Naufrage du R. P. Crespel, avec des notes historiques & géographiques. *Amst.* (*Paris*) 1757, *in*-12.

Voyages imaginaires.

1174 Les Aventures de Jacques Sadeur dans la découverte & le voyage de la Terre Australe. *Paris*, 1692, *in*-12.

1185 Voyages & Aventures de Franç. Leguat en plusieurs Isles des Indes Orientales. *Londres*, (*Rouen*) 1710, 2 vol. *in*-12.

1186 Voyages & Aventures de Jacques Massé. *Bourdeaux*, 1710, *in*-12.

1186 *bis.* Histoire des Sevarambes. *Amst.* 1716, 2 vol. *in*-12.

HISTOIRE UNIVERSELLE.

Introduction ou Traités préparatoires à la lecture de l'Histoire.

1187 Méthode pour étudier l'Histoire, avec un Catalogue des principaux Historiens, &c. par Nicol. Lenglet du Fresnoy. *Paris*, 1729, 4 vol. *in*-4.

1178 Pratique de la mémoire artificielle pour apprendre & retenir l'Histoire & la Chronique universelle, par Buffier. *Paris*, 1748, 2 vol. *in*-12.

1179 Mémorial de Chronologie, Généalogique & Historique, pour servir de guide dans la lecture de l'Histoire, tant ancienne que moderne. *Paris*, 1752, *in*-16.

Histoire Universelle de tous les tems & de tous les lieux, &c.

1180 L'Atlas des tems, contenant la Période de Louis le Grand, une nouvelle méthode de Chronologie, avec la Chronologie de l'ancien Testament & des années de Grace. *Paris*, 1685, *in-fol.*

1181 Les Chroniques de Orose. *Paris*, *Phil. le Noir*, 1526, 2 tomes en un vol. *in*-4. *goth.* avec *fig. en bois.*

1182 La mer des Histoires, où est contenu, tant du vieil Testament que du nouveau, toutes les histoires depuis la création du monde jusqu'en l'an 1536. *Paris*, 1536, *in-fol. goth.*

1183 Introduction à l'Histoire générale & politique de l'Univers par le Baron de Puffendorf. *Amst.* 1721, 6 *vol. in-12. br. en carton.*

1184 Introduction à l'Histoire de l'Univers, trad. de l'allem. de Samuel Puffendorf (par Claude Roussel). *Amst.* 1722, 7 *vol. in-12.*

1185 Introduction à l'Histoire Universelle, trad. de l'angl. d'une Société de Gens de Lettres. *La Haye*, 1731, *in-12. br.*

1186 Histoire Universelle, contenant ce qui s'est passé depuis la création du monde jusqu'à la paix d'Utrecht, par Claude de l'Isle. *La Haye*, (*Paris*) 1748, 7 *vol. in-12.*

1187 Abrégé de l'Histoire Universelle depuis 1653 jusqu'en 1714, par le même. *Amst.* (*Paris*) 1732, 7 *vol. in-12.*

1188 Recueil d'Observations curieuses sur les mœurs, les coutumes, les usages, &c. des différens Peuples de l'Asie, de l'Afrique & de l'Amérique (par l'Abbé Lambert). *Paris*, 1749, 4 *vol. in-12.*

1189 L'Espion dans les Cours des Princes Chrétiens, ou Lettres & Mémoires d'un Envoyé secret de la Porte dans les Cours de l'Europe, (par J. Paul Marana), avec figures. *Cologne*, 1710, 6 *vol. in-12.*

1190 Le même. *Cologne*, 1715, 6 *vol. in-12.*

1191 Mémoires pour servir à l'Histoire de l'Europe depuis 1740 jusqu'en 1748. *Amst.* 1749, 3 *vol. in-12.*

1192 Mémoires pour servir à l'Histoire du dix-septiéme siécle. *Amst.* 1760, 3 *vol. in-12.*

1193 Les Prophéties de Mich. Nostradamus. *Troyes*, *in-8.*
—— La Clef de Nostradamus, ou Introduction au véritable sens des Prophéties de cet Auteur. *Paris*, 1710, *in-12.*

HISTOIRE ECCLÉSIASTIQUE.

Histoire Ecclésiastique universelle.

1194 L'Histoire Sainte de l'ancien Testament, par le P. Nic. Talon. *Paris*, 1688, *in-fol.*

1195 Abrégé de l'Histoire de l'ancien Testament. *Paris*, 1735, 3 *vol. in-12. mar. r.*

1196 Histoire de l'ancien & du nouveau Testament & des

Juifs, pour servir d'Introduction à l'Hiftoire Eccléfiaftique de l'Abbé Fleury, par D. Auguftin Calmet, avec figures. *Paris*, 1725, 7 *vol. in-*12.

1197 Difcours fur l'Hiftoire Eccléfiaftique de l'Abbé Fleury. *Paris*, 1708, *in-*12.

1198 Hiftoire du Peuple de Dieu, depuis fon origine jufqu'à la naiffance du Meffie, & depuis la naiffance du Meffie jufqu'à la fin de la Synagogue, par le P. Berruyer. *Paris*, 1728 *& fuivantes*, 11 *vol. in-*4.

1199 Hiftoire du Peuple de Dieu, depuis la naiffance du Meffie, par le même. *La Haye*, (*Paris*) 1753, 8 *vol. in-*12. *v. f.*

1200 Hiftoire Eccléfiaftique du dix-feptiéme fiécle. *Paris*, 1713 *& * 1714, 4 *vol. in-*8. *v. f. tr. dor.*

Hiftoire Eccléfiaftique de différens pays.

1201 Hiftoire des Eglifes Evangéliques de vallées de Piedmont ou Vaudoifes, par J. Léger, avec figures. *Leyde*, 1669, *in-fol.*

1202 Hiftoire des Croifades pour la délivrance de la Terre-Sainte, par L. Maimbourg. *Paris*, 1687, 4 *vol. in-*12.

1203 Lettres édifiantes & curieufes écrites des Miffions étrangeres par quelques Miffionnaires de la Compagnie de Jefus. *Paris*, 1717, 27 *tomes en* 25 *vol. in-*12.

HISTOIRE PONTIFICALE.

Hiftoire des Conciles.

1204 Hiftoire du Concile de Conftance, par Jacques l'Enfant. *Amft.* 1714, *in-*4. *fig.*

1205 Hiftoire de la guerre des Huffites & du Concile de Bafle, par le même. *Amft.* 1731, 2 *vol. in-*4. *fig.*

1206 Hiftoire du Concile de Trente, traduite de l'italien de Fra-Paolo Sarpi, avec des notes par Amelot de la Houffaye. *Amft.* 1704, *in-*4.

Hiftoire des Papes & des Cardinaux.

1107 Hiftoire des Papes depuis Saint Pierre jufqu'à Paul V, par André Duchefne. *Paris*, 1614, 2 *vol. in-*4.

1208 Piéces du mémorable Procès efmeu l'an 1636, entre le Pape Paul V & les Seigneurs de Venife, *A S. Vincent*, 1607, *in-*8. *couv. en parchemin.*

1209 L'Anti-Papeſſe, ou Erreur Populaire de la Papeſſe Jeanne, par Flor. de Ræmond. *Cambray*, 1613, *in-*12.

1210 La Vie de Céſar Borgia, Duc de Valentinois, fils du Pape Alexandre VI, trad. de l'italien de Tomaſi. *La Haye*, (*Paris*) 1736, 2 *vol. in-*12.

1211 Hiſtoire de Dona Olimpia Maldachini, trad. de l'italien de l'Abbé Gualdi. *Leyde*, 1666, *in-*16.

1212 La Vie du Pape Sixte V, trad. de l'italien de Grég. Léti, par l'Abbé Pelletier. *Lyon*, 1695, 2 *vol. in-*12.

1213 Deſcription de toutes les Cérémonies qui ſe font obſervées à Rome depuis la mort du Pape Clément XII juſqu'au couronnement du Pape Benoit XIV, par Amand de la Chapelle. *Paris*, 1741, *in-*12. *v. marb. tr. dor.*

1214 Mémoires des Intrigues de la Cour de Rome depuis l'année 1669 juſqu'en 1676. *Paris*, 1677, *in-*12.

1215 Traité de l'Origine des Cardinaux du S. Siége, & particulierement des François, avec deux Traités des Légats *à Latere. Cologne*, 1669, *in-*12.

1216 Hiſtoire de tous les Cardinaux François, avec les preuves, par Fr. Ducheſne. *Paris*, 1660, 2 *vol. in-fol.*

1217 La Vie du Cardinal Jean-François Commendon, trad. du latin d'Antoine Maria Gratiani en françois, par Eſprit Fléchier. *Paris*, 1671, *in-*4. *mar. r.*

1218 Hiſtoire du Cardinal Ximenès, par le même. *Paris*, 1693, *in-*4.

Hiſtoire Monaſtique & des Ordres Religieux.

1219 Eſſai de l'Hiſtoire monaſtique d'Orient, par * * *. (D. Bulteau) de la Congrégation de Saint Maur. *Paris*, 1680, *in-*8.

1220 La Vie de D. Armand Jean Bouthillier de Rancé, Abbé de la Trappe, par l'Abbé Marſollier. *Paris*, 1703, 2 *vol. in-*12.

1221 La Vie de D. Barthelemy des Martyrs, tirée de ſon Hiſtoire écrite en eſpagnol & en portugais, par le P. L. de Grenade. *Paris*, 1664, *in-*8.

1222 La Vie du grand Apôtre de la Chine, le P. J. B. de Moralés, de l'Ordre de Saint Dominique. *Cologne*, 1701, *in-*12. *couvert en velin vert.*

1223 Abrégé de l'Hiſtoire de la Vie de Catherine Fontaine, pour réponſe à un Libelle intitulé: Hiſtoire de Catherine Fontaine, autrement la Prieure; par Jac. Villery, avec une

Réponſe du même à la nouvelle Production de M. Nicole. 1688 & 1689 , *in*-12.

1224 Abrégé de la Vie & des Vertus du Bienheureux Vincent
de Paul , Inſtituteur de la Congrégation de la Miſſion & des
Filles de la Charité , par J. Bonnet. *Paris*, 1729 , *in*-12.
mar. r.

1225 Abrégé de la Vie du Bienheureux P. Fidel de Sigma-
ringa , Capucin Miſſionnaire , & premier Martyr de la
Miſſion Apoſtolique chez les Griſons , par le P. Daniel,
Capucin. *Paris*, 1731 , *in*-12.

1226 Hiſtoire de l'Abbé Joachim, ſurnommé le Prophête,
Religieux de l'Ordre de Cîteaux. *Paris*, 1745, 2 *vol. in*-12.

1227 La Vie de Sœur Magdeleine du Saint Sacrement, *Paris*, 1711 , *in*-12. *br.*

1228 Vie de Marguerite Marie à la Coque, Religieuſe de
la Viſitation de Sainte Marie, par Jean-Joſeph Languet,
Evêque de Soiſſons. *Paris*, 1729, *in*-4.

1229 L'Innocence juſtifiée, ou Hiſtoire de la Congrégation
des Filles de l'Enfance, contenue dans un Mémoire pré-
ſenté au Parlement de Toulouſe, contre un Libelle diffama-
toire intitulé : Hiſtoire de la Congrégation des Filles de
l'Enfance. *Toulouſe*, 1735, *in*-12.

Hiſtoire des Ordres militaires.

1230 Traités concernant la Condamnation des Templiers (en
1313) &c. par Dupuy. *Paris*, 1654, *in*-4.

1231 Hiſtoire de l'Ordre de Malthe, par René d'Aubert de
Vertot, avec figures. *Paris*, 1726, 4 *vol. in*-4.

1232 Les Statuts de l'Ordre du S. Eſprit, établi par Henri III
l'an 1578. *Paris, de l'Imprimerie Royale*, 1703 , *in*-4. *grand
pap. lav. reg. mar. bl. doub. de tabis.*

1233 Hiſtoire de l'Ordre du S. Eſprit, (par M. de Saintfoix.)
Paris, 1766 , 2 *vol. in*-12. *v. éc. fil. tr. dor.*

Vies des Saints.

1234 Les Vies des Saints, avec l'Hiſtoire de leur Culte &
l'Hiſtoire des autres Fêtes de l'année, par Adrien Baillet.
Paris, 1701, 17 *vol. in*-8.

1235 Panégyriques des Saints, par le P. Jean-François Se-
nault. *Paris*, 1660, 3 *vol. in*-8.

1236 La Vie de Saint Irenée, avec ſon Apologie contre les

calomnies des Proteſtans (par l'Abbé Gervaiſe.) *Paris*, 1723, 2 *vol. in*-12.

1237 La Vie de Sainte Thérèſe, par de Villefort. *Paris*, 1748, 2 *vol. in*-12.

1238 Les Vies des Saints-Peres des Déſerts, par Arnauld d'Andilly. *Paris*, 1701, 3 *vol. in*-8.

1239 Les mêmes, &c. avec l'Echelle ſainte de Saint Jean Climaque, trad. du grec, par le même. *Paris*, 1736, 3 *vol. in* 8. *mar. r. dent.*

Hiſtoire des Religions, Sectes & Héréſies.

1240 L'Hiſtoire des Religions de tous les Royaumes du Monde, par Jovet. *Paris*, 1680, 3 *vol. in*-12.

1241 Cérémonies & Coutumes religieuſes de tous les Peuples du Monde, repréſentées par des figures deſſinées de la main de B. Picart; avec une Explication hiſtorique (par l'Abbé Banier.) *Amſt.* 1723, 7 *vol. in-fol.*

1242 Les Œuvres du P. Louis Maimbourg. *Paris*, 1673, 14 *vol. in* 4.

1243 Hiſtoire de l'Arianiſme, par le même. *Paris*, 1678, 3 *vol. in*-12.

1244 Hiſtoire du Calviniſme, par le même. *Paris*, 1682, 2 *vol. in*-12.

1245 Hiſtoire de l'Héréſie des Iconoclaſtes & de la tranſlation de l'empire aux François, par le même. *Paris*, 1683, 2 *vol. in*-12.

1246 Réponſe de Varillas à la Critique de Burnet ſur les deux premiers tomes de l'Hiſtoire des Révolutions arrivées dans l'Europe en matiere de Religion. *Paris*, 1687, *in*-8.

1247 Hiſtoire des Flagellans, où l'on fait voir le bon & le mauvais uſage des flagellations, &c. trad. du latin de l'Abbé Boileau. *Paris*, 1701, *in*-12.

1248 Critique de l'Hiſtoire des Flagellans & juſtification de l'uſage des diſciplines volontaires, par J. B. Thiers. *Paris*, 1703, *in*-12.

1249 Hiſtoire des Variations des Egliſes Proteſtantes, par Jac. Bénigne Boſſuet. *Paris*, 1688, 2 *vol. in*-4. *mar. r.*

1250 Critique de l'Hiſtoire des Variations des Egliſes Proteſtantes, avec quelques Réflexions ſur l'Hiſtoire du Divorce de Henri VIII, par le Grand. *Amſt.* 1689, *in*-12. *br.*

1251 Hiſtoire Eccléſiaſtique des Egliſes Réformées du Royaume de France (par Théodore de Beze.) *Genève*, 1580, 2 *vol. in*-8. *couv. en parch.*

HISTOIRE.

1252 Actes Ecclésiastiques & Civils de tous les Synodes nationaux des Eglises Réformées de France. *La Haye*, 1736, 2 *vol. in-4. br.*

1253 Histoire du Fanatisme de notre Temps, & le Dessein que l'on avoit de soulever en France les Mécontens des Calvinistes, par de Brueys. *Paris*, 1692, *in-12.*

HISTOIRE PROFANE.

HISTOIRE ANCIENNE, OU DES MONARCHIES ANCIENNES.

Histoire des Juifs, des Chaldéens, des Babyloniens, des Assyriens, des Perses, &c.

1254 Histoire des Juifs, écrite par Flavius Joseph sous le titre d'Antiquités Judaïques, trad. par Arnauld d'Andilly. *Paris*, 1670, 2 *vol. in-fol. v. f. tr. dor.*

1255 Histoire des Juifs, depuis J. C. jusqu'à présent, pour servir de continuation à l'Histoire de Joseph, par Basnage. *La Haye*, 1716, 15 *vol. in-12.*

1256 La Monarchie des Hébreux, trad. de l'espagnol du Marquis de Saint Philippe, *La Haye*, 1727, 4 *vol. in-12. v f.*

1257 Histoire Ancienne des Egyptiens, des Carthaginois, &c. par Rollin. *Paris*, 1733 *& suiv.* 13 *tomes en* 14 *vol. in-12.*

1558 La même. *Paris*, 1740, 14 *vol. in-12.*

1259 Abrégé de l'Histoire Ancienne & Romaine ; *manusc. in-fol. mar. r.*

Histoire Grecque.

1260 Les Histoires d'Hérodote, mises en françois par P. Du Ryer. *Paris*, 1646, *in-fol.*

1261 Les mêmes. *Grenoble*, 1665, 2 *vol. in-12.*

1262 Les mêmes. *Paris*, 1713, 3 *vol. in-12.*

1263 L'Histoire de Thucydide de la Guerre du Péloponnèse cont. par Xénophon, trad. par N. Perrot sieur d'Ablancourt. *Paris*, 1662, *in-fol.*

1264 Histoire des sept Sages, par Isaac de Larrey. *Rotterdam*, 1713 *& 1716*, 2 *vol. in-8. gr. pap.*

1265 Q. Curce de la Vie & des Actions d'Alexandre le Grand,

Grand, trad. par Vaugelas, avec les Supplémens de J. Freinshemius trad. par Du Ryer. *Paris*, 1659, *in-4.*

1266 Le même. *Paris*, 1680, *2 vol. in-12. lav. régl. mar.* rouge.

1267 Histoire du Siécle d'Alexandre, par M. Linguet. *Amst.* (*Paris*) 1762, *in-12.*

HISTOIRE ROMAINE.

Introduction à l'Histoire Romaine.

1268 Considérations sur les Causes de la grandeur des Romains & de leur décadence, (par le Président de Montesquieu.) *Amst.* 1734, *in-12.*

Histoire Romaine Générale, depuis la fondation de Rome.

1269 Histoire Romaine, par Valere Maxime; *in-8. manque le titre.*

1270 Abrégé de l'Histoire Romaine & Grecque en partie, trad. de Velleius Paterculus, par Doujat. *Paris*, 1708, *2 vol. in-12.*

1271 Histoire Romaine depuis la fondation de Rome, avec des notes géographiques & critiques, par les Peres Catrou & Rouillé, avec figures. *Paris*, 1725, 17 *vol. in-4. gr. pap.*

1272 La même. *Paris*, 1731, 20 *vol. in-12.*

1273 Histoire Romaine depuis la fondation de Rome jusqu'à la bataille d'Actium, par Rollin. *Paris*, 1740, 16 *vol. in-12.*

1274 Histoire Romaine depuis la fondation de Rome jusqu'à la prise de Constantinople par Mahomet II, trad. de l'anglois de Laurent Echard (par De la Roque.) 16 *vol. in-12. dont les dix derniers brochés.*

1275 Histoire des Révolutions arrivées dans le Gouvernement de la République Romaine, par l'Abbé de Vertot. *Paris*, 1719, 3 *vol. in-12.*

1276 La même. *Paris*, 1720, 3 *vol. in-12.*

Histoire Romaine particuliere, de certains temps de la République, & des Empereurs.

1277 Les Décades de Tite-Live, avec les Supplémens de J.

Freinshemius , mises en françois par Du Ryer. *Lyon*, 1665, 14 *vol. in-12. v. f. tr. dor. Manque le tome 3.*

2278 Histoire de Polybe, traduite du grec par D. Vincent Thuillier, avec un commentaire ou un corps de Science militaire par le Chevalier de Folard, avec figures. *Paris*, 1727, 6 *vol. in-4. gr. pap.*

2279 Appian Alexandrin , des Guerres des Romains, trad. du grec en françois par Odet Phil. Des Mares. *Paris*, 1660, *in-fol.*

2280 Les Commentaires de Jules-César, de la Guerre de la Gaule & des Guerres civiles, traduits en françois par Blaise de Vigenerë. *Paris*, 1603, *in-4.*

2281 Les mêmes, trad. en françois par Nic. Perrot d'Ablancourt. *Paris*, 1685, 2 *vol. in-12.*

2282 Histoire des deux Triumvirats, (par Citri de la Guette,) avec l'Histoire d'Auguste par Isaac de Larrey. *Amst.* 1715, 4 *tomes en 3 vol. in-12. v. f. tr. dor.*

2283 Histoire de Cicéron, avec des remarques par Morabin. *Paris*, 1745, 2 *vol. in-4.*

2284 Les Œuvres de C. Corn. Tacite, trad. en françois. *Paris, Langelier*, 1582, *in-fol. gr. pap. lav. régl. tr. dor.*

2285 Les mêmes, trad. par Nic. Perrot d'Ablancourt. *Paris*, 1688, 3 *vol. in-12.*

2286 Traduction de quelques Ouvrages de Tacite, par l'Abbé de la Bletterie. *Paris*, 1755, 2 *vol. in-12.*

2287 Suétone , des Vies des douze Césars Empereurs Romains. *Amsterdam*, 1603, *in-12.*

2288 Histoire des Empereurs Romains, trad. du latin du même en françois, par D. B. *Paris*, 1700, *in-12.*

2289 Vie de l'Empereur Julien, (par l'Abbé de la Bletterie.) *Paris*, 1735, 2 *vol. in-12.*

2290 Histoire de l'Empereur Jovien, & trad. de quelques Ouvrages de l'Empereur Julien, par le même. *Paris*, 1748, 2 *vol. in-12.*

HISTOIRE MODERNE, OU DES MONARCHIES QUI SUBSISTENT AUJOURD'HUI.

Premiere partie comprenant les Monarchies de l'Europe.

Histoire d'Italie.

2291 Les Délices de l'Italie , par de Rogissart & H*** (Havart,) avec fig. *Paris*, 1707, 4 *vol. in-12.*

1292 Nouveaux Mémoires ou Observations sur l'Italie & sur les Italiens, par deux Gentilshommes Suédois, (par M. de Grosley 1764). *Londres*, (*Paris*) 3 *vol. in* 12.

1293 L'Histoire du Gouvernement de Venise & l'examen de sa liberté, &c. par Amelot de la Houssaye. *Amst.* 1705, 3 *vol. in-12. fig.*

1294 Les Anecdotes de Florence, ou l'Histoire secrette de la Maison de Médicis, par de Varillas. *La Haye*, 1687, *in-12.*

1295 Histoire des Révolutions de Gênes, (publ. par M. de Brequigny). *Paris*, 1752, 3 *vol. in-12.*

1296 Histoire des Rois de Sicile & de Naples, des Maisons d'Anjou (par des Noulis). *Paris*, 1707, *in-4.*

1297 Histoire de la Révolution du Royaume de Naples dans les années 1647 & 1648, (par Mademoiselle de Lussan). *Paris*, 1757, 4 *vol. in-12.*

1298 Mémoires de Henri-Charles de la Trémoille, Prince de Tarente. *Liége*, 1767, *in-12.*

1299 Histoire des Révolutions de Corse & de l'élévation de Théodore Premier, sur le Thrône de cet Etat. *La Haye*, 1738, *in-12.*

HISTOIRE DE FRANCE.

Topographie, ou Description générale de la France.

1300 Bibliotheque des Auteurs qui ont écrit l'Histoire & Topographie de la France, par André Duchesne. *Paris*, 1627, *in-8. couv. en velin.*

1301 Description historique & géographique de la France ancienne & moderne, par l'Abbé de Longuerue. *Paris*, 1719, *in-fol.*

1302 Dictionnaire Universel de la France, (par Saugrain). *Paris*, 1726, 3 *vol. in-fol.*

Préliminaires de l'Histoire de France, comprenant l'Histoire ancienne des Gaules, l'origine des François, &c.

1304 Les Dynasties ou Traités des anciens Roys des Gaulois des Francs. *Paris*, 1621, 2 *vol. in-12.*

1305 La Religion des Gaulois, tirées des plus pures sources de l'Antiquité, par le P. D * * * (Jacq. Martin), avec fig. *Paris*, 1727, 2 *vol. in-4.*

M ij

1306 Les Illustrations de Gaule & singularitez de Troye, par J. le Maire de Belges. *Lyon*, 1528, *in* 4.

1307 Les mêmes, avec la couronne Margaritique, & plusieurs autres Œuvres du même Auteur, revues par Ant. du Moulin. *Lyon*, 1549, *in-fol. lav. regl.*

1308 Histoire critique de l'établissement de la Monarchie françoise dans les Gaules, par l'Abbé Dubos. *Paris*, 1734, 3 *vol. in-4.*

1309 Les Origines, ou l'ancien Gouvernement de la France, de l'Allemagne & de l'Italie, (par M. de Buat). *La Haye*, (*Paris*) 1757, 4 *vol. in-12.*

Histoire Générale de France.

1310 La mer des Chroniques & miroir Historial de France, composé en latin par Frere Rob. Gaguin & transl. en franç. par P. Desray. *Paris, de la Barre, in-4. goth.*

1311 Les grandes Annales & Histoire Générale de France, dès la venue des Francs en Gaule, jusqu'au regne de Henri III, par Franç. de Belleforest. *Paris*, 1579, 2 *vol. in-fol.*

1312 Les Chroniques & Annales de France, dès l'origine des François, par Nic. Gilles, revues par Franç. de Belleforest, avec sa continuation jusqu'au regne de Louis XIII, par Gab. Chappuys *Paris*, 1617, *in-fol.*

1313 Histoire Générale des Roys de France, par Bernard de Girard, sieur du Haillan, cont. des écrits de plusieurs Auteurs jusqu'au regne de Louis XIII. *Paris*, 1615, 2 *tom. en un vol. in-fol.*

1314 Sommaire de l'Histoire des François (depuis leur origine jusqu'en 1515), tiré de la Bibliotheque historique de Nic. Vignier. *Paris*, 1579, *in-fol. couv. en parchemin.*

1315 Histoire de France avant Clovis, par Mezeray. *Amst.* 1692, *in-12.*

1316 Abrégé Chronologique de l'Histoire de France, par le même. *Paris*, 1676, 8 *tomes en* 14 *vol. in-12.*

1317 Abrégé Chronologique de l'Histoire de France, sous les regnes de Louis XIII & Louis XIV, pour servir de suite à celui de Mézeray, (par de Limiers). *Amst.* (*Trévoux*) 1728, 3 *vol. in-12.*

1318 Histoire de France depuis l'établissement de la Monarchie Françoise, par le P. Gab. Daniel. *Amst.* 1720, 6 *vol. in-4.*

1319 Hiſtoire de France, (par de Châlons). *Paris*, 1720, 3 *vol. in-12.*

1320 Annales de la Monarchie Françoiſe, depuis ſon établiſſement juſqu'à préſent, par de Limiers, avec figures. *Amſt.* 1724, 3 *vol. in-fol. gr. pap. v. f. fil.*

1321 Les monumens de la Monarchie Françoiſe, qui comprennent l'Hiſtoire de France, avec les figures de chaque Regne, par le P. D. Bernard de Montfaucon. *Paris*, 1729, 5 *vol. in-fol.*

1322 Abrégé de l'Hiſtoire de France en vers françois, par Godard de Berigny. *Paris*, 1679, *in-12.*

1323 Hiſtoire de France depuis Clovis juſqu'à Henry IV, par J. Bourdelot. *Manuſc. in-4.*

1324 Hiſtoire de France juſqu'au Regne de Henri IV. *Manuſc. in-fol. couv. en parchemin.*

1325 Abrégé Chronologique de l'Hiſtoire de France, (par le Préſident Hénault). *Paris*, 1746, *in-8. mar. r. doub. de tabis.*

1326 Nouvel Abrégé Chronologique de l'Hiſtoire de France, par le même. *Paris*, 1744, *in-8. mar. r.*

1327 Hiſtoire des Révolutions de France, avec des remarques critiques & les faſtes des Rois de France depuis Clovis juſqu'à la mort de Louis XIV, par de la Hode. *La Haye*, 1738, 4 *vol. in-12. br.*

1328 Tablettes & Anecdotes hiſtoriques des Rois de France, depuis Pharamond juſqu'à Louis XV, par M. D. D. A. (Dreux du Radier). *Paris*, 1759, 3 *vol. in-12.*

1329 Livre curieux contenant tous les portraits de la Cour de France, de pluſieurs autres Cours, &c. *Paris*, 1695, *in-fol.*

HISTOIRE PARTICULIERE DE FRANCE, SOUS CHAQUE REGNE.

Regnes des trois premieres Races des Rois de France, juſqu'à la Branche des Valois.

1330 Blanche, Infante de Caſtille, mere de Saint Louis, par le Baron d'Auteuil. *Paris*, 1644, *in-4.*

1331 Hiſtoire de Saint Louis (par Varillas). *Paris, Coignard*, 1688, 2 *vol. in-4.*

Branche de Valois, jusqu'à Louis XII.

1332 Histoire de Phil. de Valois & du Roi Jean (par l'Abbé de Choisy). *Paris*, 1688, *in-4.*

1333 Histoire de Bertrand du Guesclin, par Guyard de Berville. *Paris*, 1767, *2 vol. in-12.*

1334 Histoire de Charles VI & des choses avenues sous son regne, depuis 1380 jusqu'à 1442, par J. Juvenal des Ursins, augmentée par Den. Godefroy. *Paris, de l'Imprimerie Royale*, 1653, *in-fol.*

1335 Histoire du Regne de Charles VI, par Mademoiselle de Lussan. *Paris*, 1753, *9 vol. in-12.*

1336 Les Œuvres d'Alain Chartier, contenant l'Histoire de Charles VI & Charles VII, la Généalogie des Roys de France depuis Saint Louis jusqu'à Charles VII, &c. revues par André Duchesne. *Paris*, 1617, *in-4.*

1337 Histoire d'Artus III, Duc de Bretaigne & Connestable de France, contenant ses mémorables faits depuis l'an 1413 jusques à l'an 1447, donnée par Théodore Godefroy. *Paris*, 1622, *in-4.*

1338 Histoire de Charles VII, par J. Chartier, Jacq. le Bouvier, Mathieu de Coucy & autres Auteurs du temps, contenant les choses avenues depuis 1422 jusques en 1461, mise en lumieres par Den. Godefroy. *Paris, de l'Imprimerie Royale*, 1661, *in-fol.*

1339 Histoire de Charles VII, (par Baudot de Jully). *Paris*, 1754, *2 vol. in-12.*

1340 Histoire de Jeanne d'Arc, (dite la *Pucelle d'Orléans*), (par l'Abbé Lenglet du Fresnoy). *Paris*, 1753, *in-12.*

1341 Les Mémoires d'Oliviers, Comte de la Marche, (depuis 1433 jusqu'en 1499) donnés par J. Lauteus. *Gand*, 1566, *in-4.*

1342 Histoire de Louis XI & des choses mémorables de son regne, depuis 1460 jusqu'en 1483, (autrement dite *la Chronique scandaleuse*). 1620, *in-4.*

1343 Histoire de Louis XI, par Duclos. *Paris*, 1745 & 1746, *4 vol. in-12.*

1344 Les Mémoires de Phil. de Commines, sous les regnes de Louis XI & de Charles VIII, depuis 1464 jusqu'en 1498. *Paris*, 1615, *in-fol.*

1345 Les mêmes, donnés avec des augmentations & des notes historiques, par J. Godefroy. *Bruxelles*, 1723, *5 vol. in-8.*

1346 Hift. de Marie de Bourgogne. *Paris*, 1757, *in-12.*

1347 Hiftoire de Charles VIII par Guill. de Saligny, And. de la Vigne & autres Hiftoriens, où font décrites les chofes arrivées depuis 1483 jufqu'en 1498, recueillies par Denys Geoffroy. *Paris, de l·Imp. Royale,* 1684, *in-fol.*

1348 Anecdotes fecrettes des Regnes de Charles VIII & de Louis XII, avec des notes hiftoriques. *La Haye,* (*Paris,*) 1741, *2 parties en un vol. in-12.*

Branche d'Orléans Valois , jufqu'à Henri IV.

1349 Vie du Cardinal d'Amboife, premier Miniftre de Louis XII, &c. par le Gendre. *Amft.* 1726, *2 vol. in-12.*

1350 Lettres du Roy Louis XII & du Cardinal George d'Amboife, (depuis 1504 jufqu'en 1514, données avec des notes par Jean Godefroy.) *Bruxelles,* 1712, *4 vol. in-8.*

1351 Hiftoire de Jac. Aug. de Thou, contenant les chofes arrivées de fon temps, (depuis 1505 jufqu'en 1574) trad. en franç. par P. du Ryer. *Paris,* 1659, *3 vol. in-fol.*

1352 Mémoires de la Vie de J. Aug. de Thou, trad. du latin en françois. *Rotterdam,* 1711, *in-4.*

1353 Hiftoire de François premier, par Varillas. *Paris,* 1683, *2 vol. in-4.*

1354 La même, par Gaillard. *Paris,* 1769, *8 vol. in-12.*

1355 Mémoires de Martin du Bellay, des chofes advenues en France depuis l'an 1513 jufqu'à la mort de François I. *Paris,* 1579, *in-fol.*

1356 Les mêmes, avec les Mémoires du Maréchal de Fleurange, donnés par l'Abbé Lambert. *Paris,* 1753, *7 vol. in-12.*

1357 Commentaire de Blaife de Montluc, Maréchal de France, (depuis 1521 jufpu'en 1574.) *Paris,* 1746, *4 vol. in-12.*

1358 Mémoire de la Vie du Maréchal de la Vieillevil'e, fous les Régnes de François I, Henri II, François II & Charles IX, (depuis 1528 jufqu'en 1571,) par Vinc. Carlois. *Paris,* 1757, *5 vol. in-12.*

1359 La Vie de Louis de Bourbon, furnommé le Bon, premier Duc de Montpenfier, par Nic. Couftureau, mife au jour avec des additions par le fieur du Boucher, (depuis 1536 jufqu'en 1579.) *Rouen,* 1642, *in-4. couv. en parch.*

1360 Hiftoire de la Vie du Connétable de Lefdiguieres, (depuis 1543 juſqu'en 1626,) recueillie par L. Videl. *Paris,* 1638, *in-fol.*

1361 Hiſtoire du Maréchal de Matignon, contenant ce qui s'eſt paſſé de plus mémorable depuis la mort de François I juſqu'à la fin des guerres civiles, par de Cailliere. *Paris,* 1661, *infol*

1362 Hiſtoire Univerſelle du ſieur d'Aubigné, contenant ce qui s'eſt paſſé depuis la paix en 1550, juſqu'en 1610. *Maillé,* 1616, 3 *tom. en* 2 *vol. in-fol. mar. citr.*

1363 Les Mémoires de Michel de Caſtelnau, (depuis 1559 juſqu'en 1570,) par J. le Laboureur. *Bruxelles,* 1731, 3 *vol. in-fol.*

1364 Recueil des choſes mémorables faites & paſſées pour le fait de la Religion & Etat de France, depuis 1560 juſqu'en 1565, (appellé communément les Mémoires du Prince de Condé.) *Strasbourg,* 1565 & 1566, 3 *vol. in-8. le deuziéme eſt in-*12.

1365 Mémoires de Condé. *Londres,* 1740, 6 *vol. in-*12.

1366 Mémoires d'Etat, par Nic. de Neufville, Seigneur de Villeroy, (depuis 1567 juſqu'en 1604, publié par Auger de Mauléon de Granier.) *Paris,* 1665, 4 *vol. in-*12.

1367 Hiſtoire de la Vie du Duc d'Epernon par Girard (depuis 1570 juſqu'en 1642. *Paris,* 1673, 2 *vol. in-*12.

1368 La même. *Paris,* 1663, 3 *vol. in-*12.

1369 Journal des choſes mémorables advenues durant le Regne de Henri III, (par l'Etoile.) *Cologne,* 1720, 4 *vol. in-*12. *v. f.*

1370 Le même, & des notes de Duchat, avec fig. *Cologne,* 1720, 2 *vol. in-8.*

1371 Deſcriptions de l'Iſle des Hermaphrodites, nouvelle découverte; avec le Diſcours de Jacophile à Limne; les Priviléges de la Ville capitale de Bois-Belle, &c. le tout recueilli pour ſervir de ſuite au Journal d'Henry III. (par J. Godefroy.) *Cologne,* 1724, *in-8.*

1372 Les Mémoires du Duc de Nevers, ſous les Regnes de Charles IX, Henri III & Henri IV, (depuis 1574 juſqu'en 1595, avec des pieces juſtificatives juſqu'en 1610.) *Paris,* 1665, 2 *vol. in-fol.*

1373 Mémoires d'Etat ſous le Regne des Roys Henri III & Henry IV, (depuis 1574 juſqu'en 1599,) par Philippe Hurault, Comte de Cheverny. *Paris,* 1664, 2 *vol. in-*12.

1374 Les Aventures du Baron de Fœneſte, (depuis 1574 juſqu'en

qu'en 1630,) par Théod. Agripa d'Aubigné. *Amst.* 1731,
2 *vol. in-12.*

1375 Les Mémoires de la Ligue (depuis 1576 jusqu'en 1598,
par Samuel du Lis & Simon Goulart.) *Genéve*, 1595 &
suiv. 6 *vo.. in-8. couv. en parch.*

1376 La Conjonction des Lettres & des Armes des deux
Freres Lorrains, Charles, Cardinal de Lorraine, & Franç.
Duc de Guise, trad. du latin de Nicolas Boucher en fran-
çois, par Jac. Tigeou, &c. *Kheims*, 1579, *in-4.*

1377 Lettres de Nicolas de Neufville de Villeroy à M. de
Matignon, (depuis 1581 jusqu'en 1596.) *Moret Lincourt*,
1749, *in-12.*

BRANCHE DE BOURBON.

Regne de Henri IV.

1378 Mémoires, ou Œconomies Royales, domestiques, politiques & militaires de Henry le Grand, par Maximilien de
Béthune, Duc de Sully. *Amst.* 1725, 12 *vol. in-12.*

1379 Mémoires de Maximilien de Béthune, Duc de Sully,
mis en ordre avec des remarques par M. L. D. C. (par l'Abbé de l'Ecluse.) *Londres*, (*Paris*) 1745, 3 *vol. in-4.*

1380 Mémoires très-particuliers pour servir à l'Histoire de
Henry III & de Henri IV, &c. (depuis 1589 jusqu'en 1598,
le tout publié par Jac. Bineau.) *Paris*, 1667, *in-12.*

1381 Chronologie Novennaire, contenant l'Histoire de la
guerre sous Henry IV. (depuis 1589 jusqu'en 1598, par P.
Vict. Palma Cayet.) *Paris*, 1608, 3 *vol. in-8. couv. en
parch. piqué de vers.*

1382 Mémoires & Négociations de la Paix traité à Vervins en
1598. *Paris*, 1700, 2 *vol. in-12.*

1383 Chronologie Septénaire, ou l'Histoire de la Paix entre
les Rois de France & d'Espagne, &c. (depuis 1598 jusqu'en 1604,) par Palma Cayet. *Paris*, 1611, *in-8.*

1384 Le Mercure François, ou Suite de l'Histoire de la Paix,
ou Chronologie septenaire, (depuis 1605 jusqu'en 1644 par
J. Richer & autres.) *Paris*, 1611, 25 *vol. in-8. couverts en
parchemin.*

1385 Satyre Ménippée, (par P. le Roy.) 1595, *in-8. couv.
en parchemin.*

1386 Dialogue entre le Maheutre & le Manant, contenant
les raisons de leurs Débats & Questions en ces présens trou-

N

bles au Royaume de France, (par Louis d'Orléans.) 1694, *in-8.*

1387 Lettres du Cardinal d'Ossat , (depuis 1594 jusqu'en 1604,) avec des notes de Hamelot de la Houssaye. *Amst.* 1708 , 5 *vol. in-12.*

1388 Mémoires de la Reyne Marguerite de Valois (femme de Henri IV.) *Paris*, 1628 , *in-8. mar. r.*

1389 Les mêmes, avec l'Eloge de cette Reyne & celui de Bussy (par Brantôme), & la Fortune de la Cour par de Damp-Martin. *Liége*, 1713 , *in 12.*

1390 Mémoires de Louis de Pontis , Officier des Armées du Roy , sous les Regnes de Henry IV, Louis XIII & Louis XIV, (depuis 1596 jusqu'en 1653 , publiés par P. Thomas, Sieur du Fossé.) *Lyon*, 1692 , 2 *vol. in-12.*

1391 Les mêmes. *Paris*, 1715 , 2 *vol. in-12.*

1392 Mémoires du Maréchal François de Bassompierre , contenant l'Histoire de sa Vie & de ce qui s'est passé de plus remarquable à la Cour de France , (depuis 1598 jusqu'à 1631, publiés par Cl. de Malleville.) *Cologne*, 1721, 4 *vol. in-12.*

1393 Les mêmes. *Amst.* 1721, 3 *vol. in-12.*

1394 Mémoires & la Vie de Claude de Letouf Baron de Sirot , sous Henry IV, Louis XIII & Louis XIV, (depuis 1605 jusqu'à 1650.) *Paris*, 1680, 2 *vol. in-12.*

1395 Nuit du Guerrier en sentinelle sur la lecture de l'Adikie ou l'Injustice terrassée au Roy Henry IV. 1609. —— Le Retour de Me Guillaume ; 1609. —— Le Feu de Joye de Mathurine sur le retour de Me Guillaume. —— Le Testament & derniere Volonté de Me Guillaume. —— Les Lamentables Regrets de Mathurine sur la mort de Me Guillaume. —— La Joyeuse Arrivée de Me Guillaume, avec les plaisans Discours de ce qu'il a vu en l'autre Monde. —— L'Anti-Guillaume , pour réponse au Libelle d'un certain Calomniateur; 1610 , *in-12.*

1396 Recueil de piéces historiques & curieuses, contenant le Manifeste de P. du Jardin, & celui de Mademoiselle d'Escoman sur la mort de Henry IV. —— L'Apologie de M. de Thou sur son Histoire. —— Une Lettre latine du même, avec le Catéchisme des Jésuites, par Etienne Pasquier, donné par M. de Clermont ; 1717 , 2 *vol. in-12.*

Regne de Louis XIII.

1397 Histoire du Regne de Louis XIII, par Mich. le Vaſſor. *Amſterd. 1700, 10 vol. in-12. couv. en parch.*

1398 Histoire de Louis XIII. *Paris, 1716, 5 vol. in-12.*

1399 Les Triomphes de Louis le Juſte, XIIIᵉ du nom, repréſentés en figures œnigmatiques, deſſinées par J. Valdor, expoſés par un Poëme Héroïque de Ch. Beys, & accompagnés de vers françois ſous chaque figure, compoſés par P. Corneille. *Paris, 1649, in-fol. gr. pap. v. br. tr. dor.*

1400 Mémoires de ce qui s'eſt paſſé en France de plus conſidérable depuis l'an 1608 juſqu'en l'année 1636. *Paris, 1675, in-12.*

1401 Mémoires du Duc de Rohan, depuis la mort de Henri IV juſques à la Paix au mois de Juin 1629. *Paris, 1665, 2 vol. in-12.*

1402 Recueil de piéces concernant l'Histoire de Louis XIII depuis 1610 juſqu'en 1643. *Paris, 1716 & 1717, 4 vol. in-12.*

1403 Mémoires de Montglat, (depuis 1612 juſqu'en 1668.) *Amſt. (Paris) 1727, 4 vol. in-12.*

1404 Mémoires de Hen. Aug. de Loménie, Comte de Brienne, (depuis 1613 juſqu'en 1661.) *Amſterd. 1719, 3 vol. in-8.*

1405 Mémoires pour ſervir à l'Histoire d'Anne d'Autriche, Epouſe de Louis XIII, (depuis 1615 juſqu'en 1666,) par Françoiſe Berraut de Motteville. *Amſt. 1723, 5 vol. in-12.*

1406 Histoire de la Mere & du Fils, c'eſt-à-dire de Marie de Médicis femme du Grand Henry, &c. & de Louis XIII, (depuis 1616 juſqu'en 1619, par de Mezeray.) *Amſterd. 1730, 2 vol. in-12.*

1407 Mémoires ſecrets du Comte de Buſſy-Rabutin contenant les événemens les plus intéreſſans de l'Europe, (depuis 1617 juſqu'en 1667. *Amſterd. (Paris) 1768, 2 vol. in-12.*

1408 Histoire du Miniſtere du Cardinal de Richelieu ſous le Regne de Louis XIII, (depuis 1624 juſqu'en 1633, par Charles Vialart, dit de S. Paul, Evêque d'Avranches.) *Amſt. 1664, 3 vol. in-12. couv. en parch.*

1409 La Vie du Cardinal de Richelieu, par le Clerc. *Amſt. 1724, 3 vol. in-12.*

N ij

1410 Testament Politique du Cardinal de Richelieu. *Amst.* (*Rouen*) 1690, 2 *vol. in-*12.

1411 Anecdotes du Ministere du Cardinal de Richelieu & du Regne de Louis XIII, tirées & trad. de l'italien du Mercurio de Siri, par M. de V ***. *Amst.* 1717, 2 *vol. in-*12.

1412 Vie du P. Joseph le Clerc du Tremblay, Capucin nommé au Cardinalat. *Genêve*, 1704.

1413 Recueil des piéces les plus curieuses qui ont été faites pendant le Regne du Connestable de Luynes, (depuis 1617 jusqu'en 1621;) 1628, *in-*8. *couv. en parch.*

1414 Le même; 1632, *in-*8.

1415 Mémoires de M de la Porte, premier Valet de Chambre de L. XIV, (depuis 1624 jusqu'en 1626.) *Genêve*, (*Paris*) 1755, *in-*12.

1416 Recueil de diverses piéces pour servir à l'Histoire, (depuis 1626 jusqu'en 1634, par Paul Hay du Châtelet.) 1635, *in-fol.*

1417 Le Journal des Choses les plus mémorables qui se font passées au Siége de la Rochelle, (en 1627 & 28,) par P. Mervault. *Rouen*, 1671, *in-*12.

1418 Diverses piéces pour la Défense de la Reyne-Mere, par Math. de Mourgues de Saint Germain. *Paris*, 1637, *in-fol.*

1419 Piéces curieuses en suite de celles du sieur de Saint Germain, contenant plusieurs piéces pour la Défense de la Reyne-Mere, &c. (depuis 1630 jusqu'en 1643,) par divers Auteurs; 1644, *in-*4.

1420 Mémoires d'Omer Talon, Avocat Général au Parlement; (depuis 1630 jusqu'en 1653.) *La Haye*, (*Paris*) 1732, 8 *vol. in-*12.

1421 Mémoires de Mademoiselle de Montpensier, (depuis 1630 jusqu'en 1688;) *manuscrit*, 6 *vol. in-fol. mar. r. dont manque le tome premier.*

1422 Les mêmes. *Amst.* (*Paris*) 1746, 8 *vol. in-*12.

1423 Mémoires de François de Bourdeille Comte de Montresor, (depuis 1632 jusqu'en 1643.) *Cologne*, 1723, 2 *vol. in-*12.

1424 Les Mémoires de Messire Roger de Rabutin, Comte de Bussy, (depuis 1634 jusqu'en 1666). *Paris*, *Anisson*, *de l'Imprimerie Royale*, 1696, 2 *vol. in-*4.

1425 Mémoires de Henri-Augustin de Loménie, Comte de

Brienne, contenant les événemens les plus remarquables du regne de Louis XIII & de celui de Louis XIV, jufqu'à la mort du Card. Mazarin. *Manufc. in-fol.*

Regne de Louis XIV.

1427 Hiftoire de France, fous le regne de Louis XIV, par de Larrey. *Rotterdam*, 1721, *9 vol. in-12.*

1428 Hiftoire du Regne de Louis XIV, par Reboulet. *Avignon*, 1744, *3 vol. in-4.*

1429 Effai de l'Hiftoire du regne de Louis le Grand, jufqu'à la paix générale de 1697, par l'Abbé le Gendre. *Paris*, 1697, *in-4. v. f. tr. dor.*

1430 Le Siécle de Louis XIV, (depuis 1643 jufqu'en 1715), par de Francheville (M. de Voltaire). *Berlin*, 1752, *2 vol. in-12.*

1431 Lettres de Louis XIV, recueillies par M. Roze. *Paris*, 1755, *2 vol. in-12.*

1432 Hiftoire du Cardinal Mazarin, par Aubery. *Amft.* 1716, *3 vol. in-12.*

1433 Mémoires de M. de Gourville, (depuis 1642 jufqu'en 1698). *Paris*, 1724, *2 vol. in-12.*

1434 Mémoires & Réflexions fur les principaux événemens du regne de Louis XIV, (depuis 1643 jufqu'en 1697,) par L. M. D. L. F. (le Marquis de la Fare). *Rotterdam*, 1716, *in-8.*

1435 Hiftoire de Tancrede de Rohan. *Liége*, 1767, *in-12.*

1436 Hiftoire du Vicomte de Turenne,(depuis 1643 jufqu'en 1675), par de Ramfay, avec figures. *Paris*, 1735, *2 vol. in-4. gr. pap.*

1437 Recueil de piéces pour fervir à l'Hiftoire, contenant : La Réponfe aux Mémoires de M. de la Châtre. — La confpiration fur Barcelone en 1645. —— La Relation de la mort du Marquis de Monaldefchi en 1657. —— Les motifs de la France pour la guerre d'Allemagne. —— Une Lettre fur la paix des Pyrénées, avec la Relation de la Confpiration de Valeftein. *Cologne*, 1664. —— Hiftoire des Amours d'Henry IV, par Madame Louife-Marie de Lorraine, Princeffe de Conty, &c. *Leyde*, *Sambix*, 1663, *in-12.*

1438 Les Mémoires de feu M. le Duc de Guife, (contenant fon entreprife fur Naples en 1647, écrits par lui-même & publiés par de Saint-Yon fon Secrétaire.) *Paris*, 1668, *in-4.*

1439 Mémoires du Cardinal de Retz, (depuis 1648 jusqu'en 1652). *Amst.* (*Paris*) 1717 , 4 *vol. in-12.*

1440 Mémoires de Guy Joly (depuis 1648 jusqu'en 1666), pour servir d'éclaircissemens & de suite aux Mémoires du Cardinal de Retz. *Amst.* (*Paris*) , 1718 , 2 *vol. in-12.*

1441 Mémoires du Card. de Retz. *Amst.* 1723 , 4 *vol. in-12.*

1442 Mémoires de M. Joly , pour servir de suite à ceux du Cardinal de Retz. *Rotterdam* , 1718 , 2 *vol. in-12. manque le titre du premier tome.*

1443 Mémoires de la minorité de Louis XIV, par de Varillas. *A Villefranche* , 1689 , *in-12.*

1444 Mémoires de la minorité de Louis XIV , (depuis 1649 jusqu'en 1652) , par de la Rochefoucault. *Amst.* (*Trévoux*) 1723 , 2 *vol. in-12.*

1445 Mémoires de M. L * * * (Lenet) , (contenant l'Histoire des guerres civiles des années 1649 & suiv.) *Amst.* (*Paris*) 1729 , 2 *tomes en* 4 *vol. in-12.*

1446 Mémoires de M. de Bordeaux , Intendant des Finances , (depuis 1649 jusqu'en 1664), par M. G. D. C. *Amst.* (*Paris*) 1718 , 4 *vol. in-12.*

1447 Mémoires pour servir à l'Histoire de Louis de Bourbon, Prince de Condé , (attribuez à P. Coste). *Cologne* , 1693 , *in-12.*

1448 Histoire de Louis de Bourbon , Prince de Condé , par P * * * (Gatien de Courtilz). *Cologne* , 1695 , *in-12. couv. en parchemin.*

1449 Histoire de Louis de Bourbon second du nom , Prince de Condé , surnommé *le Grand* , avec des plans de siéges & de batailles , par M. Desormeaux. *Paris* , 1766 , 4 *vol. in-12. pap. d'holl. mar. r.*

1450 Procès criminel fait à Louis de Bourbon , Prince de Condé en 1654. *Manusc. in-fol.*

1451 Le Sacre de Louis XIV à Rheims (en 1654). *Paris* , 1718 , *in-12.*

1452 Lettres du Card. Mazarin , où l'on voit le secret de la Négociation de la paix des Pyrénées , & la Relation des Conférences , avec D. L. de Haro , &c. (en 1659). *Amst.* 1690 , *in-8.*

1453 Histoire d'Henriette d'Angleterre , premiere femme de Phil. d'Orléans (depuis 1661 jusqu'en 1670) , par Madame de la Fayette. *Amst.* (*Paris*) 1742 , *in-12.*

1454 Mémoires pour servir à l'Histoire de Louis XIV, (depuis 1661 jusqu'en 1710) , par l'Abbé de Choisy , (publiés par l'Abbé d'Olivet.) *Utrecht* , 1727 , 3 *vol. in-12*

1455 Mémoires de Louis-Hector Duc de Villars, (depuis 1670 jusqu'en 1734.) *Amst.* 1735, 3 *vol. in-12.*

1456 Les mémes. *La Haye*, 1758, 3 *vol. in-12.*

1457 Recueil de Lettres sur l'Histoire Militaire de Louis XIV, (depuis 1671 jusqu'en 1676), par le P. Griffet. *Paris,* 1760, 2 *vol. in-12.*

1458 Mémoires de Montausier, mort en 1690, écrits sur les Mémoires de Madame la Duchesse d'Uzès sa fille, par N***(le P. le Petit). *Rotterdam,* 1731 *&* 1729, 2 *tom. en un vol. in-12.*

1459 Mémoires du Comte de Forbin, Chef d'Escadre, (depuis 1675 jusqu'en 1710). *Amst.* 1730, 2 *vol. in-12.*

1460 Lettres & Négociations de Messieurs le Maréchal d'Estrades, Colbert & Davaux, Ambassadeurs à la paix de Nimegue, (en 1676 & 1677,) avec les Réponses & instructions du Roi, &c. *La Haye,* 1710, 3 *vol. in-12.*

1461 Relations diverses, conten. la Journée de Nimegue, & tout ce qui s'est passé depuis ce jour à l'armée de Monseigneur le Duc de Bourgogne, &c. *Paris,* 1702, *in-12.*

1462 Mémoires & Lettres de Madame de Maintenon (publiés par M. de la Baumelle.) *Amst.* 1755 *& suiv.* 15 *vol. in-12.*

1463 Testament politique de Colbert, (par de Courtilz.) *La Haye,* 1694, *in-12.*

1464 Mémoires de M. de***. (Torcy) pour servir à l'Histoire des Négociations depuis le Traité de Riswick jusqu'à la Paix d'Utrecht, (depuis 1685 jusqu'à 1713.) *La Haye,* 1756, 3 *vol. in-12.*

1465 Mémoires du Maréchal de Berwick (depuis 1685 jusqu'à 1734, publié par l'Abbé de la Pause de Margon.) *Londres,* (*Paris*) 1738, 2 *vol. in-12.*

1466 Mémoires de la Cour de France pour les années 1688 & 1689, par Madame la Comtesse de la Fayette. *Amst.* (*Paris*) 1731, *in-12.*

1467 Lettres sur les matieres du tems, concernant les années 1688, 1689 & 1690. *Amst.* 1688 *& suiv.* 3 *tomes en un vol. in-4.*

1468 Mémoire de Du Gué-Trouin, (depuis 1699 jusqu'en 1712.) *Amst.* 1730, *in-12.*

1469 Les mémes. *Amst.* (*Rouen*) 1732, *in-12.*

1570 Histoire du Soulévement des Fanatiques dans les Cévenes. *Paris,* 1713, *in-12.*

1571 Suite des Lettres, Mémoires & Actes, concernant la Guerre présente. *Basle,* 1704, *in-12.*

1572 Hiſtore du ſiége de Toulon, (par J. d'Auneau de Viſé.) *Paris*, 1707, 2 *vol. in-12.*

Regne de Louis XV.

1573 Mémoires de la Régence de S. A. R. Monſeigneur le Duc d'Orléans, durant la Minorité de Louis XV, (depuis 1715 juſqu'en 1723.) *La Haye*, (*Paris*) 1736, 3 *vol. in-12.*

1574 Mémoires de Madame de Staal, écrits par elle-même, (depuis 1715 juſqu'en 1720.) *Londres*, (*Paris*) 1755, 4 *tom. en 2 vol. in-8.*

1575 Lettres de M. Filtz Moriltz ſur les affaires du temps, trad. de l'anglois, par de Garnezai. *Rotterdam*, 1718, *in-12.*

1576 Mémoires de l'Abbé de Mongon, (depuis 1724 juſqu'en 1750.) *Paris*, 1749, 8 *vol. in-12.*

1577 Lettres & Négociations de Van Hoey, Ambaſſadeur à la Cour de France, pour ſervir à l'Hiſtoire du Cardinal de Fleury. *Londres* (*Paris*) 1743, *in-12.*

1578 Deſcription des Fêtes données par la Ville de Paris, à l'occaſion du mariage de Madame Louiſe Eliſabeth de France, & de Dom Philippe, Infant d'Eſpagne, les 29 & 30 Août 1739, (avec des figures deſſinées & gravées par J. F. Blondel.) *Paris*, 1740, *in-fol. c. m. mar. r. dent.*

1479 Campagne de M. de Coigny en Allemagne, en 1743. *Amſt.* 1761, 3 *vol. in-12.*

1480 Repréſentation des Fêtes données par la Ville de Straſbourg pour la convaleſcence du Roi, pendant ſon ſéjour en cette Ville, (avec figures deſſinées par J. M. Weis, & gravées par J. Ph. le Bas.) *in-fol. c. m. mar. r. dent. doublé de tabis.*

1481 Voyage fait au Camp devant Fribourg en Briſgaw, par Meſſieurs F. & D. *La Haye*, (*Paris*) 1745, *in-8.*

1482 Relation de l'arrivée du Roi au Havre de Grâce le 19 Septembre 1749, & des Fêtes qui ſe ſont données à cette occaſion, (avec figures deſſinées par Deſchamps, & gravées par le Bas.) *Paris*, 1753, *in-fol. c. m. mar. r. dent.*

1483 Piéces originales & Procédures du Procès de Damiens. *Paris*, 1757, *in-4.*

1484 Lettres du Maréchal de Belle-Iſle au Maréchal de Contades. *Amſt.* (*Paris*) 1759, *in-12.*

Histoire des Villes & Provinces de France.

1485 Tableau universel & raisonné de la Ville de Paris. *Paris, in-8.*

1486 Le Géographe Parisien, ou le Conducteur chronologique & historiques des Rues de Paris. *Paris, 1769, 2 vol. in-8.*

1487 Carte des Environs de Paris, levée géométriquement par M. l'Abbé de la Grive, montée sur gorge & collée sur toile.

1488 Plan de Paris, dessiné & gravé par les ordres de M. Turgot, montée sur gorge doré & collé sur toile.

1489 Les Antiquités de la Ville de Paris, avec des figures, (par Cl. Malingre.) *Paris, 1640, in-fol. gr. pap.*

1490 Les Annales générales de la Ville de Paris, par le même. *Paris, 1640, in-fol. gr. pap.*

1491 Description de la Ville de Paris, &c. par Germain Brice, avec figures. *Paris, 1713, 2 vol. in-12.*

1492 Histoire & Recherches des Antiquités de la Ville de Paris, avec les preuves, par Sauval. *Paris, 1724, 3 vol. in-fol. gr. pap.*

1493 Histoire de la Ville de Paris, avec les preuves, par Félibien, revue & augmentée par Lobineau. *Paris, 1725, 5 vol. in-fol. gr. pap.*

1494 Essais historiques sur Paris, (par M. de Saintfoix.) *Londres, (Paris) 1759, 3 vol. in-12.*

1495 Nouvelle Description des Châteaux & Parcs de Versailles & de Marly. *Paris, 1707, in-12. fig.*

1496 Description de Versailles & de Marly, par Piganiol. *Paris, 1738, 2 vol. in-12.*

1497 Histoire des Ducs de Bretagne, (par l'Abbé Desfontaines.) *Paris, 1739, 6 vol. in-12. v. marb. tr. dor.*

1498 Annales d'Acquitaine, faits & gestes des Roys de France & d'Angleterre, jusqu'en l'an 1537, données par J. Bouchet. *Paris, 1537, in-fol. goth.*

1499 Chronique Bourdeloise, par Gabriel de Lurbe, continué par J. Darnal. *Bourdeaux, 1619, in-4.*

1500 Annales de la Ville de Toulouse, par de la Faille. *Toulouse, 1700, 2 vol. in-fol.*

1501 Histoire & Chronique de Provence, par César de Nostradamus. *Lyon, 1614, in-fol.*

1502 Histoire des Dauphins François & des Princesses qui

ont porté en France la qualité de Dauphines. *Paris,* 1713, *in-12.*

1503 Hiſtoire de Dauphiné & des Princes qui ont porté le nom de Dauphins, (par Valbonais.) *Genêve*, 1722, 2 *tom. en un vol. in-fol.*

1504 Hiſtoire de Berry, contenant l'Origine, Antiquité, Proueſſes, Priviléges & Libertés des Berruyers, avec une Deſcription du Pays, par Jean Chaumeau de Laſſay. *Lyon*, 1566, *in-fol. lav. régl.*

1505 Hiſtoire du Pays de Gatinois, Sénonois & Hurpoix, par Guill. Morin. *Paris*, 1630, *in-4.*

1506 Hiſtoire de Blois, par J. Bernier. *Paris*, 1682, *in-4.*

1507 Hiſtoire mémorable de la Ville de Sancerre, par J. de Lery; 1574, *in-8. v. f.*

1508 Mémoires du Marquis de Beauvau pour ſervir à l'Hiſtoire de Charles IV Duc de Lorraine & de Bar. *Cologne*, 1690, *in-12.*

1509 La Vie de Charles V Duc de Lorraine & de Bar, (par J. de la Brune.) *Amſterd.* 1691, *in-12.*

1510 Teſtament Politique de Charles Duc de Lorraine & de Bar. *Leipſik*, 1697, *in-12.*

1511 Plans & Elévations de la Place Royale de Nancy & des Etabliſſemens faits par le Roi de Pologne. 1753, 3 *vol. in-fol. c. m. mar. r.*

Mélanges de l'Hiſtoire de France, ou Diſſertations apparte-
nantes à l'Hiſtoire de France; enſemble Traités concernant
les Rois de France, les Etats-généraux du Royaume, &c.

1512 Les Œuvres d'Etienne Paſquier. *Amſt.* (*Trévoux*) 2 *vol. in-fol.*

1513 Inventaire des Erreurs, Fables & Déguiſemens remarquables, en l'Inventaire général de l'Hiſtoire de France de J. de Serres, par Scipion Dupleix *Paris*, 1624, *in-8. couv. en parchemin.*

1514 Mémoires hiſtoriques & critiques (en forme de Dictionnaire,) ſur divers points de l'Hiſtoire de France, &c. par Mézerai. *Amſt.* 1732, *in-12.*

1515 Les mêmes. *Amſt.* 1753, 2 *tomes en un vol. in-12.*

1516 Traité de la Majorité de nos Rois, & des Régences du Royaume. *Amſt.* 1722, 4 *vol. in-8. v. f.*

1517 Hiſtoire des Sacres & Couronnemens de nos Rois, faits à Reims. *Reims*, 1722, *in-12.*

1518 Traité de la Succession à la Couronne de France, avec un Mémoire touchant la Succession à la Couronne d'Efpagne, par le Grand. *Paris*, 1728, *in-*12.

1519 Hiftoire de l'ancien Gouvernement de la France, avec quatorze Lettres hiftoriques fur les Parlemens ou Etats-généraux, par le Comte de Boulainvilliers. *Hollande*, 1727, 3 *vol. in-*8.

1520 Mémoires préfentés à M. le Duc d'Orléans, Régent, contenant les moyens de rendre le Royaume puiffant, & d'augmenter confidérablement les revenus du Roi & du Peuple, par le même. *Hollande*, 1727, 2 *tomes en un vol. in-*8.

1521 Hiftoire de la Pairie de France & du Parlement de Paris, &c. par le Laboureur. On y a joint des Traités touchant les Pairies d'Angleterre, & l'origine des Grands d'Efpagne. *Londres*, (*Paris*) 1740, *in-*8. *br.*

1522 Traité du Ban & arriere-Ban, de fon origine, &c. par de la Roque. *Paris*, 1616, *in-*12.

PARALYPOMENES HISTORIQUES.

HISTOIRE GÉNÉALOGIQUE ET HÉRALDIQUE.

Traités de la Science héroïque, de la Nobleffe, &c.

1523 Les diverfes Efpeces de Nobleffe, & les Manieres de dreffer les Preuves, par le P. Cl. Franç. Meneftrier. *Paris*, 1681, *in-*12.

Hiftoire généalogique de la Maifon Royale & des Familles illuf-tres de France.

1524 Les Souverains du Monde, Ouvrage qui fait connoître la Généalogie de leurs Maifons, &c. (trad. de l'allemand,) conduit jufqu'au temps préfent. *Paris*, 1718, 4 *vol. in-*12.

1525 Les Généalogies hiftoriques des Rois, Empereurs, &c. & de toutes les Maifons Souveraines qui ont fubfifté jufqu'à préfent, expofées dans des Cartes généalogiques. *Paris*, 1736, 4 *vol. in-*4.

1526 Hiftoire généalogique & chronologique de la Maifon Royale de France, par le P. Anfelme, revue & augmentée par le P. Ange & le P. Simplicien. *Paris*, 1726, 9 *vol. in-fol.*

1527 La véritable Origine de la seconde & troisiéme Lignée de la Maison Royale de France, par du Bouchet. *Paris*, 1646, *in-fol. gr. pap.*

1528 Alliances de la Maison de Bourbon. *Manuscrit in-fol. gr. pap.*

1529 Histoire de la Maison de Bourbon, par M. Desormeaux. *Paris, de l'Imprimerie Royale*, 1772, *in-4. mar. bl. dent.*

1530 Histoire généalogique des Princes & grands Seigneurs qui ont commandé ès Royaumes de Jérusalem, Chypre, Arménie & Lieux circonvoisins, par Fr. Est. de Lusignan. *Paris*, 1579, *in-4. couvert en parch.*

1531 Généalogie de la Maison de Belloy. *Paris*, 1747, *in-4.*

1532 De Origine & Stirpe Domûs de Courtenay ; 1606, *in-8.*

1533 Histoire Généalogique de la Maison de Courtenay, par du Bouchet. *Paris*, 1645, *in-fol.*

1534 Histoire Généalogique de la Maison de Harcourt, par de la Roque. *Paris*, 1662, 4 *vol. in-fol.*

1535 Histoire Généalogique de la Maison d'Auvergne, par Christ. Justel. *Paris*, 1645, *in-fol.*

1536 Histoire Généalogique de la Maison de Béthune, par And. Duchesne. *Paris*, 1639, *in-fol.*

1537 Histoire Généalogique de la Maison de Châtillon sur Marne, par le même. *Paris*, 1621, *in-fol.*

1538 Histoire Généalogique de la Maison des Châteigners, par le même. *Paris*, 1634, *in-fol.*

1539 Histoire Généalogique de la Maison de Dreux, de Bar le Duc, de Luxembourg, & de Limbourg, du Plessis, de Richelieu, de Broyes & de Château-Villain, par le même. *Paris*, 1631, *in-fol.*

1540 Histoire Généalogique des Maisons de Guines, d'Ardres, de Gang & de Coucy, par le même. *Paris*, 1631, *in-fol.*

1541 Histoire de la Maison de Luxembourg, avec les Tables généalogiques des Princes de cette Maison, par Nic. Vigner. *Paris*, 1619, *in-4.*

1542 Histoire Généalogique de la Maison de Montmorency & de Laval, par And. Duchesne. *Paris*, 1624, *in-fol.*

1543 Histoire Généalogique de la Maison de la Trémoille, par Messieurs de Sainte Marthe. *Paris*, 1667, *in-12.*

1544 La même, justifiée par Chartes d'Eglises, Arrêts du Parlement, &c. *Paris*, 1668, *in-12.*

1545 Inventaire de l'Hiftoire Généalogique de la Nobleffe de Touraine, par de l'Hermite Soulieres. *Paris*, 1669, *in-fol.*

1546 Hiftoire Généalogique de la Maifon de Vergy, par And. Duchefne. *Paris*, 1625, *in-fol.*

1547 Nobiliaire d'Amiens; 1 *vol. gr. in-fol.*

1548 La véritable Origine des Maifons d'Alface, de Lorraine, d'Autriche, de Bade, &c. *Paris*, 1649, *in-fol.*

HISTOIRE D'ALLEMAGNE.

1549 Hiftoire de l'Empire, par Heiff, continuée depuis l'an 1648 jufqu'à préfent, &c. par le fieur Bourgeois du Chaftenet. *Paris*, 1711, 5 *vol. in-12.*

1550 La même. *Paris*, 1731, 3 *vol. in-4.*

1551 Hftoire Générale d'Allemagne, depuis l'an de Rome 648 jufqu'en 1740, par le P. Barre. *Paris*, 1748, 11 *vol. in-4. veau fauve filets.*

1552 Abrégé Chronologique de l'Hiftoire d'Allemagne, par M. P. (Pfeffel.) *Paris*, 1754, *in-8.*

1553 Hiftoire du Regne de Charlemagne, par de la Bruere. *Paris*, 2 *tom. en* 1 *vol. in-12.*

1554 La Vie & les Actions héroïques & plaifantes de l'Empereur Charles V, (par Judocus de Grieck.) *Amfterd.* 1704, 2 *vol. in-12. avec des figures en bois, v. m. tr. dor.*

1555 La Vie de l'Empereur Charles V, trad. de l'italien de Gregorio Leti, avec figures. *Bruxelles*, 1715, 4 *vol. in-12.*

1556 Relatione' del Signor Nic. Tiepolo Riftornato, Ambafciadore de Carolo V & Ferdinande Re de Romani per la Republica di Venetia l'anno 1532. *manufc. in-4.*

1557 Nouveaux Mémoires du Comte de Bonneval. *La Haye*, 1737, *in-8.*

1558 Les mêmes. *La Haye*, 1738, 2 *vol. in-12.*

1559 Teftament Politique du Prince Rakoczi. *La Haye*, (*Paris*) 1751, *in-12.*

1560 Les Délices de la Suiffe, par le fieur Gottlieb Kypfeler, avec figures. *Leyde*, 1714, 4 *vol. in-12.*

1561 La Ville & la République de Genêve, par S. D. (Saint Didier.) *Paris*, 1680, *in-12.*

HISTOIRE DES PAYS-BAS ET DE LA HOLLANDE.

1562 Hiſtoire de la Guerre de Flandres, trad. du latin de Famianus Strada en françois par P. Du Ryer. *Paris*, 1659, 2 *vol. in-fol.*

1563 Hiſtoire des Provinces Unies des Pays-Bas, avec les principales Médailles & leur explication, par le Clerc. *Amſterd.* 1723, 2 *tom. en* 1 *vol. in-fol.*

1564 Les Révolutions des Pays-Bas, depuis 1559 juſqu'en 1584. *La Haye*, (*Paris*) 1728, 2 *vol. in-12.*

1565 Mémoires du Comte de Guiche, concernant les Provinces-Unies des Bays-Bas, (depuis 1665 juſqu'en 1672.) (*Paris*) 1744, 2 *vol. in-12.*

1566 Procès criminels des Comtes d'Egmont, du Prince de Horne & autres Seigneurs Flamands. *Amſt.* 1753, 2 *vol. in-8. br.*

1567 La Vie & les actions de Chriſt. Bernard de Gales, Ev. de Munſter. *Leide*, 1681, *in-12.*

HISTOIRE D'ESPAGNE ET DE PORTUGAL.

1568 Hiſtoire générale d'Eſpagne, par L. de Mayerne-Turquet. *Paris*, 1608, *in-fol.*

1569 La même, trad. en franç. du P. J. Mariana, avec des notes par le P. Charenton. *Paris*, 1725, 6 *vol. in-4. gr. pap.*

1570 Hiſtoire des Révolutions d'Eſpagne. *Amſt.* 1730, 5 *vol. in-12. manque le premier tome.*

1571 Hiſtoire de la conquête d'Eſpagne par les Maures, trad. par le Roux, avec une Diſſertation ſur la vérité de cette Hiſtoire, par le même le Roux. 1680, 2 *vol. in-12.*

1572 Anecdotes du Miniſtere du Comte-Duc d'Olivarès, trad. de l'italien par Valdory. *Paris*, 1722, *in-12.*

1573 Mémoires du regne de Philippe V, trad. de l'eſpagnol du Marquis de Saint-Philippe. *Amſt.* (*Paris*) 1756, 4 *vol. in-12.*

1574 Hiſtoire des dernieres campagnes du Duc de Vendôme, (depuis 1710 juſqu'en 1712), (par de Bellerive). *Paris*, 1714, *in-12.*

1575 Lettres ſur le Voyage d'Eſpagne. 1756, *in-12.*

1576 Parallele du Card. Ximenès & du Card. de Richelieu. *Amſt.* 1704, *in-12. v. f. filets.*

1577 Teftament Politique du Card. Alberoni, trad. de l'ital.
1753, *in-12.*

1578 Hiftoire des Révolutions de Portugal, par l'Abbé de
Vertot. *Paris*, 1718, *in-12.*

1579 Defcription de la Ville de Lifbonne. *Paris*, 1730, *in-12.*

HISTOIRE D'ANGLETERRE.

1580 Introduction à l'Hiftoire d'Angleterre, trad. de l'angl.
du Chev. Temple. *Amft.* (*Rouen*) 1696, *in-12.*

1581 Hiftoire d'Angleterre, par de Rapin-Thoyras. *La Haye*,
1726, 10 *vol. in-4.*

1582 Remarques fur l'Hiftoire d'Angleterre de Rapin-Thoy-
ras, par Nic. Tendal, & un Abrégé hiftorique des actes de
Rymer par de Rapin Thoyras, avec des notes d'Et. Watley.
La Haye, 1733, 2 *vol. in-4.*

1583 Extraits des actes de Rymer par Rapin-Thoyras, tirez
des Bibliotheques choifies anciennes & modernes de M. le
Clerc. *Amft.* 1728, *in-4.*

1584 Hiftoire des Révolutions d'Angleterre, par le P. Jof.
d'Orléans. *Paris*, 1724, 4 *vol. in-12.*

1585 Mémoires d'Angleterre, contenant l'Hiftoire des deux
Rofes, ou les différends des deux Maifons d'Yorck & de Lán-
caftre. *Amft.* 1726, *in-12.*

1586 Annales des chofes arrivées en Angleterre fous les
regnes de Henri VIII, Edouard VI & Marce, trad. par de
Loigny. *Paris*, 1647, *in-4.*

1587 Hiftoire du Divorce d'Henri VIII & de Catherine d'Arragon, avec les preuves, &c. *Paris*, 1688, 3 *vol. in-12.*

1588 Lettre de M. Burnet, contenant une critique de l'Hiftoire du Divorce de Henri VIII, avec un Avertiffement &
des Remarques de le Grand, qui fervent de Réponfe à cette
Lettre. *Paris*, 1688, *in-12.*

1589 Hiftoire d'Ecoffe, fous les regnes de Marie Stuart &
de Jacques VI, trad. de l'angl. de Robertfon. *Londres*,
1764, 3 *vol. in-12.*

1590 Mémoires hiftoriques, contenant plufieurs événemens
importans principalement par rapport à l'Angleterre & à
l'Ecoffe, fous les regnes d'Elifabeth, Marie Stuart & Jacques I, par Jacq. Melvil. *Lyon*, 1694, 2 *vol. in-12.*

1591 Les larmes de l'Angleterre, ou la fource des malheurs
qui ont affligé ce Royaume fous le regne de Jacques I &
de fon fils, & qui ont caufé la guerre civile, la mort de

Charles I, & enfin l'abdication de Jacques II. *Cologne,* 1692, *in*-12. *v. f. fil. tr. dor.*

1592 Les Mémoires de Charles Premier, Roi de la Grande-Bretagne, trad. de l'anglois par de Marsys. *Paris,* 1649, *in*-4. *couv. en parch.*

1593 Les Mémoires d'Edmond Ludlow, contenant ce qui s'est passé de plus remarquable sous le regne de Charles I, jusqu'à celui de Charles II, trad. de l'angl. *Amst.* 1699, 2 *vol. in*-12.

1594 Mémoires secrets de la Cour d'Angleterre, contenant ce qui s'est passé de plus remarquable sous Charles I, (par Madame d'Aulnoy). *La Haye,* 1726, 2 *vol. in*-12.

1595 Histoire des troubles de la Grande-Bretagne, contenant ce qui s'est passé depuis 1633 jusqu'en 1646, par Robert Mentel de Salmonet. *Paris,* 1661, *in-fol.*

1596 Histoire de la rébellion & des guerres civiles d'Angleterre, depuis 1641 jusqu'en 1660, trad. de l'angl. d'Edouard Comte de Clarendon. *La Haye,* 1704 & 1709, 6 *vol. in*-12.

1597 Histoire d'Olivier Cromwel, (par Raguenet). *Paris,* 1691, *in*-4.

1598 La Vie d'Olivier Cromwel, avec sa généalogie, trad. de l'angl. *La Haye,* 1725, 2 *vol. in*-8.

1599 Mémoires pour servir à l'Histoire de la Grande-Bretagne sous les Regnes de Charles II & Jacques II, trad. de l'anglois de Gilbert Burnet. *La Haye,* 1725, 3 *tomes en* 5 *vol. in* 12.

1600 Histoire de la Conspiration faite contre Charles II & Jacques II son frere, auparavant Duc d'Yorck. *Paris,* 1689, *in*-12.

1601 Mémoires de la Vie du Comte de Grammont contenant l'Histoire amoureuse de la Cour d'Angleterre sous le Regne de Charles II, (par le Comte Ant. Hamilton.) *Cologne,* 1713, *in*-12.

1602 Abrégé de la Vie de Jacques II, avec ses sentimens sur divers sujets de piété, tiré de l'anglois du P. Franç. Sanders, par le P. Franç. Bretonneau. *Paris, de l'Imprimerie Royale,* 1703, *in*-12. *mar. r.*

1603 L'Etat présent de l'Angleterre, trad. de l'anglois du Docteur de Chomberlayne. *Amst.* 1688, 2 *tomes en un vol. in*-12.

1604. Histoire de Guillaume III Roi de la Grande-Bretagne, (par Ph. Aug. Samson.) *Amst.* 1703, 2 *vol. in*-12.

1605

1605 Mémoires de Jean Macky, fous les regnes de Guillaume III & d'Anne I, trad. de l'angl. *La Haye*, 1733,
in-12.

1606 Mémoires du regne de Georges Premier, Roi de la
Grande-Bretagne. *La Haye*, 1729, *in-12.*

1607 Fautes des deux côtés, par rapport à ce qui s'eſt paſſé
depuis peu en Angleterre, ou Eſſai ſur l'origine, les progrès & les fâcheuſes conféquences des factions de ce Royaume, trad. de l'angl. *Rotterdam*, 1711, *in-8.*

1608 État préſent de la Grande-Bretagne & de l'Irlande,
fous le regne de Georges II, trad. de l'angl. *La Haye*,
1728, 3 *vol. in-8.*

1609 Hiſtoire de la Réformation de l'Egliſe d'Angleterre
trad. de l'anglois de Burnet, par de Roſemond. *Londres,,*
1683, 2 *vol. in-4.*

HISTOIRE DES PAYS SEPTENTRIONAUX, DANNEMARCK, SUEDE, POLOGNE, MOSCOVIE, &c.

1610 Guſtavo Adolpho, Rey de Suecia, por Franc. Pons de
Cartelvi. *En Madrid*, 1652, *in-4. couv. en parch.*

1611 Hiſtoire de Guſtave Adolphe, Roi de Suede, par M.
D. M***. *Amſt.* 1764, 4 *vol. in-12.*

1612 Le Soldat Suédois, ou Hiſtoire de ce qui s'eſt paſſé en
Allemagne depuis 1630 juſqu'en 1642, (par Grenaille).
1633, *in-8*

1613 Les Anecdotes de Suede, ou Hiſtoire ſecrette des chan-
gemens arrivés dans ce Royaume fous le regne de Charles XI. *Heſſe-Ceſſel*, 1718, *in-12.*

1614 Hiſtoire de Suede, fous le regne de Charles XII juſqu'à
préſent, &c. par de Limiers, avec figures. 1721, 6 *vol.
in-12.*

1615 Hiſtoire de Charles XII, Roi de Suede, (par Voltaire).
Baſle, 1731, 2 *vol. in-12.*

1616 La même, depuis l'an 1700 juſqu'à la bataille de Pul-
towa en 1709, &c. (par Guſtave Adlerfeld). *Paris*, 1741,
3 *vol. in-12.*

1617 Hiſtoire Abrégée de Charles XII, Roi de Suede. *La
Haye*, 1730, *in-12.*

1618 Mémoires du Duc de Wirtemberg, contenant pluſieurs
particularités de la Vie de Charles XII, par M. F. P. *Amſt.*
(*Paris*) 1740, *in-12. broché.*

P.

1619 Mémoires pour servir à l'Histoire de la Maison de Bran-debourg, (par Frédéric II, Roi de Prusse). *La Haye*, 1751, *in*-12. Avec la continuation, 1 *vol. broché.*

1620 Relation historique de la Pologne, contenant le pou-voir de ses Rois, leur élection, &c. par le sieur de Haute-ville. *Paris*, 1697, *in*-12.

1621 Histoire des Rois de Pologne & du Gouvernement de ce Royaume, &c. par M***. *Amst.* 1733, 3 *vol. in*-8.

1622 Histoire générale de Pologne, par le Chevalier de Soli-gnac. *Paris*, 1750, 5 *vol. in*-12.

1623 Abrégé de l'Histoire du Czar Peter-Alexiewitz, (par Buchet). *Paris*, 1717, *in*-12.

1624 Nouveaux Mémoires sur l'état présent de la Grande-Russie ou Moscovie, où l'on voit ce qui s'est passé de plus remarquables dans la Cour du Czar Pierre I, depuis 1714 jusqu'en 1720, &c. trad. de l'allemand en franç. *Paris*, 1725, 2 *vol. in*-12.

HISTOIRE MODERNE, OU DES MONARCHIES QUI SUBSISTENT AUJOURD'HUI.

Seconde Partie, comprenant les Monarchies hors l'Europe.

HISTOIRE DES ARABES, DES TURCS, &c.

1625 Histoire des Arabes, avec la Vie de Mahomet, par le Comte de Boulainvilliers. *Amst.* 1731, *in*-12.

1626 Histoire de la Décadence de l'Empire Grec, & Etablisse-ment de celui des Turcs, trad. de Chalcondile par Baise de Vigenere, & continuée par Thomas Artus d'Embry ; avec l'Histoire du Serrail par Baudier, avec fig. *Paris*, 1659, 2 *vol. in-fol. gr. pap.*

1627 Histoire de l'Empire Ottoman , trad. de l'italien de J. Sagredo, par Laurent. *Amst.* 1730, 6 *vol. in*-12.

1928 Histoire des grands Visirs Mahomet Coprogli Pacha, & Achmet Coprogli Pacha, par de Chassepol. *Lyon*, 1676, *in*-12.

1629 Histoire de Mahomet IV dépossédé, & de ce qui s'est passé de plus particulier à la Porte, pour élever Soliman III sur le Trône, &c. par Daunneau de Vizé. *Paris*, 1688, 2 *vol. in*-12.

1630 Histoire du grand Tamerlan, par de Saint-Yon. *Lyon*, 1691, *in*-12.

HISTOIRE DE L'ASIE.

1631 Histoire de J. de Brienne, Roi de Jérusalem, Empereur de Constantinople. *Paris*, 1750, *in*-12.

1632 Athenes ancienne & nouvelle, & l'état présent de l'Empire des Turcs, par de la Guilletiere. *Paris*, 1676, *in*-12.

1633 L'Etat présent de l'Archipel. *Paris*, 1678, 2 *parties en un vol. in*-12.

1634 Histoire de la derniere Révolution de Perse, depuis 1721 jusqu'en 1725, avec un Abregé de l'Histoire des Sophy, (par le P. Ducerceau.) *Paris*, 1728, 2 *vol. in*-12.

1635 Histoire naturelle & politique du Royaume de Siam, par Nic. Gervaise. *Paris*, 1688, *in*-4.

1636 Histoire de Timurbec, connu sous le nom du grand Tamerlan, Empereur des Mogols & Tartares, &c. trad. du persan de Cherefeddin Ali, par Cl. Petis de la Croix. *Paris*, 1722, 4 *vol. in*-12.

1637 Histoire de la derniere Révolution des Etats du Grand-Mogol, depuis 1655 jusqu'en 1661, &c. par François Bernier. *Paris*, 1670 & 1671, 4 *vol. in*-12.

1638 Histoire des Indes Orientales, par Souchu de Rennefort. *Paris*, 1688, *in*-4.

1639 Histoires des Choses mémorables advenues tant ès Indes Orientales, que autres Pays de la découverte des Portugais, en l'établissement & progrès de la Foi Chretienne & Catholique, par P. du du Jarrie. *Bourdeaux*, 1608 & 1614, 2 *vol. in*-4. *couv. en parch.*

1640 La Porte ouverte pour parvenir à la connoissance du Paganisme caché, ou la Représentation de la Vie, des Mœurs & de la Religion des Bramines, trad. d'Abraham Royer, par Thomas Lagrue. *Amst.* 1670, *in*-4.

1641 Histoire du Christianisme des Indes, par M. V. la Crose. *La Haye*, 1724, *in*-8.

1642 Histoire Naturelle, Civile & Ecclésiastique du Japon composée en allemand par Kœmpfer, & trad. en françois sur la version angloise de J. Gasp. Scheuchzer, avec figur. *La Haye*, 1729, 2 *vol. in-fol.*

1643 Histoire de l'Etablissement, des Progrès & de la Décadence du Christianisme dans l'Empire du Japon, par le P. Charlevoix. *Rouen*, 1715, 3 *vol. in*-12.

1644 Histoire des Guerres de l'Inde. *Amst.* 1765, 2 *vol. in*-12.

H I S T O I R E D E L'A F R I Q U E.

1645 Description de l'Afrique, trad. du flamand d'O. Dapper, avec figures. *Amsterd* 1686, *in-fol.*

1646 Histoire du Royaume d'Alger, avec l'état présent de son gouvernement, de ses forces, &c. par Laugier de Tassy. *Amst.* (*Rouen*) 1727, 2 *vol. in-*12.

1647 Histoire des dernieres Révolutions de Tunis, & des Mouvemens du Royaume d'Alger. *Paris*, 1689, *in-*12.

1648 Nouvelle Histoire d'Abyssinie ou d'Ethiopie, tirée de l'Histoire latine de Ludolf, avec figures. *Paris*, 1684, *in-*12.

1649 Relation historique d'Abyssinie, trad. du portugais du P. Jér. Lobo en franç. par le Grand. *Paris*, 1728, *in-*4.

1650 Histoire de Saladin, Sultan d'Egypte, par M. Marin. *Paris*, 1758, 2 *vol. in-*12.

1651 Histoire de l'Isle de Madagaskar, par de Flacourt. *Paris*, 1658, *in-*4.

H I S T O I R E D E L'A M É R I Q U E S E P T E N T R I O N A L E.

1652 Histoire de la Conquête du Mexique par Fernand Cortez, trad. de l'espagnol de D. Ant. de Solis, (par Ciry de la Guette,) avec figures. *La Haye*, 1692, 2 *vol. in-*12.

1653 La même. *Paris*, 1714, 2 *vol. in-*12.

1654 Dernieres Découvertes dans l'Amérique Septentrionale de M. de la Sale. *Paris*, 1697, *in-*12.

1655 Histoire de l'Isle Espagnole ou Saint Domingue, écrite sur les Mémoires du P. J. B. Le Pers, par le P. P. Franç. Xavier de Charlevoix. *Paris*, 1730, 2 *vol. in-*4.

1656 Description de la Louisiane, par le P. L. Hennepin. *Paris*, 1683, *in-*12.

H I S T O I R E D E L'A M É R I Q U E M É R I D I O N A L E.

1657 Histoire des Incas Rois du Pérou, trad. de l'Inca Garcilasso de la Vega en françois par J. Baudouin. *Amsterd.* 1704, 2 *vol. in-*12. *fig.*

1658 Histoire de la Découverte & de la Conquête du Pérou en 1525, trad. de l'espagnol d'August. de Zarate, par S. D. C. avec figures. *Paris*, 1706, 2 *vol. in-*12.

1659 Histoire de la Conquête de la Floride par les Espagnols

fous Ferdinand de Soto, trad. du portugais par M. D. C.
Paris, 1685, *in-12.*

1660 Relation des Miffions du Paraguai, trad. de l'italien de
Muratori. *Paris*, 1754, *in-12.*

1661 Traité Hiftorique fur les Amazones, où l'on trouve
ce qui a été écrit pour & contre ces Héroïnes, avec des
Médailles & des Monumens anciens pour prouver qu'elles
ont exifté, par P. Petit, avec figures. *Leyde*, 1718, *2
tomes en un vol. in-12.*

1662 Hiftoire des Amazones anciennes & modernes; *2 tom.
en un vol. in-12.*

A N T I Q U I T É S.

1663 L'Antiquité expliquée & repréfentée en fig. avec le
Supplément, par le P. Bernard de Montfaucon. *Paris*,
1719 & 1724, 10 tomes en 15 vol. in-fol. gr. pap.

1664 Traité des Sibylles, par de Blondel; *in-4. fans frontifpice, couv. en parch.*

1665 Les Gymnopodes, ou de la Nudité des Pieds, par
Sébaftien Rouilliard. *Paris*, 1624, *in-4.*

1666 Le Grand Cabinet Romain, ou Recueil d'Antiquités
Romaines, avec les explications de Mic. Ange de la
Chauffe. *Amft.* 1706 *in-fol. fig.*

1667 Les Céfars de l'Empereur Julien, trad. du grec, avec
des remarques & des preuves illuftrées par les médailles &
autres anciens monumens, (par Spanheim.) *Paris*, 1683,
in-4. v. br. tr. dor.

H I S T O I R E   L I T T É R A I R E ,   A C A D É M I Q U E   E T   B I B L I O G R A P H I Q U E.

*Hiftoire des Sciences, ainfi que celle des Académies & Socié-
tés de Gens de Lettres.*

1668 Les Mémoires & Hiftoire de l'Origine, Invention &
Auteurs des chofes, trad. du latin de Polydore, Vergile,
par Franç. de Belle-Foreft. *Paris*, 1576, *in-8. couv. en
parch.*

1669 Thréfor de l'Hiftoire des Langues de cet Univers, par
Claude Duret. *Yverdon*, 1619, *in-4.*

1670 Recherches curieufes fur la Diverfité des Langues &
Religions, trad. de l'anglois d'Ed. Brerewood en françois
par M. D. P. *Paris*, 1640, *in-8.*

1671 Hiſtoire de l'Imprimerie & de la Librairie, par J. de la Caille. *Paris*, 1689, *in-4*.

1672 L'Origine de l'Imprimerie de Paris, par And. Chevillier. *Paris*, 1694, *in-4*.

1673 Relation contenant l'Hiſtoire de l'Académie Françoiſe. *Paris*, 1653, *in-8*. *v. f.*

1674 Hiſtoire de l'Académie Royale des Inſcriptions & Belles-Lettres depuis ſon établiſſement juſqu'à préſent. *Paris, de l'Imprimerie Royale*, 1717 *& ſuiv.* 4 *vol. in-4. qui ſont les premiers.*

1675 Regiæ Scientiarum Academiæ Hiſtoria, autore J. B. du Hamel. *Pariſiis*, 1701, *in-4*. —— Hiſt. de l'Académie Royale des Sciences commençant à l'année 1699 juſque & compris 1733. *Paris, Boudot*, 1700 *& ſuiv.* 35 *vol. in-4*. —— Mémoires de l'Académie Royale des Sciences depuis 1666 juſqu'à 1699. *Paris*, 1730 *& ſuiv.* 10 *vol. in-4. manque les trois premiers.* —— Table Alphabétique des matieres contenues dans les deux Ouvrages précédens, dreſſée par Godin, depuis 1699 juſqu'en 1710. *Paris*, 1729, *les tomes II & III in-4*... *au total* 45 *vol. in-4*.

1676 Hiſtoire critique de la République des Lettres tant ancienne que moderne. *Utrecht*, 1715, 15 *vol. in-12*.

Bibliographes périodiques, ou Journaux.

1677 Journal des Sçavans, depuis 1665 juſqu'en 1685 incluſivement (par les ſieurs de Sallo, Gallois & de la Roque.) *Amſt.* 1679, 10 *vol. rel. en velin*. —— Et depuis Janvier 1711 juſqu'en Décembre 1712 incluſivement, 6 *vol*. Comme auſſi les années 1725 & 1726 du même Journal. *Paris*, 1725, 8 *vol. br*... *Au total* 24 *vol. in-12. rel. & br*.

1678 Le Journal des Sçavans, depuis 1727 juſqu'en 1734 incluſivement. *Paris*, 1727 *& ſuiv.* 8 *vol. in-4*.

1679 Collection complette du Mercure Galant & de France commençant en 1672 juſques & compris 1774 (par Meſſieurs d'Auneau de Viſé. Riv. Dufreſny, le Fevre, Buchet, de la Roque, Fuzelier, Raynal, de Boiſſy, Marmontel, de la Place, la Combe, de la Harpe.) *Paris*, 1672 *& ſuiv.* 853 *vol. in-12. avec les extraordinaires*.

1680 Ouvrages des Sçavans, publiés à Léipſik en 1682. *La Haye*, 1685, 2 *vol. in-12*.

1681 Nouvelles de la République des Lettres, depuis 1684 juſqu'en 1689 par P. Bayle, continuées depuis 1699 juſqu'au mois de Janvier 1718 par Jaç. Bernard. *Amſt.* 1685, *&c.* 56 *vol. in-12*.

1683 Bibliothéque univerfelle & hiftorique, depuis 1686 jufqu'en 1693 inclufivemen , avec les Tables (par J. le Clerc.)
Amft. 1688 , 26 vol. in-12.

1684 Bibliothéque choifie pour fervir de fuite à la Bibliothéque univerfelle , depuis 1703 jufu'en 1713 inclufiv. avec les
Tables par J. le Clerc. *Amft. 1713 & fuiv. 28 vol. in-12.*

1684 Bibliothéque ancienne & moderne pour fervir de fuite
aux Bibliothéques univerfelle & choifie, depuis 1714 jufqu'en 1726. *Amft. 1714 & fuiv. 26 tomes en 30 vol. in-12.
manque la premiere partie du tome 21.*

1685 Hiftoire des Ouvrages des Sçavans, depuis 1687 jufqu'au
mois de Juin 1709, par M. B***. (Henri Bafnage.) *Rotterdam , 1687 & fuiv. 24 vol. in-12.*

1086 Journal Littéraire, depuis 1713 jufqu'en 1731 inclufivement. *La Haye, 1716, &c. 17 vol. in-8.*

1687 Mémoires de Littérature, par M. de S***, (de Sal-
lengre.) *La Haye, 1715 & fuiv. 4 tomes en 2 vol. in-8.*

1688 Nouvelles Littéraires, contenant ce qui s'eft paffé de plus
confidérable dans la République des Lettres , depuis 1715
jufqu'en 1720 inclufivement. *La Haye , 1715 & fuiv. 11
vol. in-12.*

1689 Bibliothéque Germanique, ou Hiftoire Littéraire de
l'Allemagne & des Pays du Nord, depuis 1720 jufqu'en
1726 inclufivement. *Amft. 1720 & fuiv. 12 vol. in-8. br.*

1690 Mémoires Littéraires de la Grande-Bretagne, par Michel
de la Roche. *La Haye, 1720, 16 tom. en 8 vol. in-12.*

1691 Les petites Affiches de Paris (par Meffieurs de Meflé
& Boudet,) commençant en 1745 jufques & compris
1750. —— Affiches, Annonces & Avis divers , (par M.
l'Abbé Aubert), commençant en 1752 jufques & compris
1774. *Au total 30 années complettes.*

VIES DES HOMMES ILLUSTRES.

1692 La Vie de Pythagore, fes Symboles & fes Vers dorés,
trad. en franç. par André Dacier. *Paris, 1706, 2 vol. in-12.*

1693 La Vie d'Agatocle, ou le Tyran de Syracufe , trad. de
l'anglois. *Paris, 1725, in-12.*

1694 Hiftoire des Hommes Illuftres & Sçavans, par André
Thevet, avec fig. *Paris, 1670. 8 vol. in-12. mar. éL*

1695 Mémoires pour fervir à l'Hiftoire des Hommes Illuftres
dans la République des Lettres, avec un Catalogue raifonné
de leurs Ouvrages par le P. Niceron. *Paris, 1729 & fuiv.
31 vol. in-12. dont les 7 premiers volumes reliés & 24 br.*

1696 **Les Eloges des Hommes Savans**, tirés de l'Histoire de M. de Thou, avec des additions cont. l'Abrégé de leur Vie, le Jugement & le Catalogue de leurs Ouvrages, par Ant. Teiffier. *Leyde*, 1715, 4 *vol. in-8. couv. en parch.*

1697 **La Vie & les sentimens de Lucilio Vanini**, par D. D. *Amst.* 1717, *in-12.*

1698 **La Vie de P. Abailard & celle d'Héloïse son épouse**, avec une Differtation sur le Baptême des morts (par l'Abbé Gervaise). *Paris*, 1720, 2 *vol. in 12.*

1699 **La Vie de Moliere**, (par de Grimareft). *Paris*, 1705, *in-12.*

1700 **Les Vies des Hommes illuftres de la France**, par M. Turpin, (*tomes* 24 *&* 25,) contenant la Vie de Louis de Bourbon second du nom, Prince de Condé. *Paris*, 1767, 2 *vol. in-12. mar. r.*

1701 **Œuvres de Brantôme.** *Leyde*, 1699, 9 *vol. in-12.*

1702 **Les mêmes.** *Leyde*, (*Trévoux*) 10 *vol. in-12.*

1703 **Les Vies de plufieurs Hommes illuftres & grands Capitaines de France**, avec leurs portraits. *Paris*, 1726, 2 *vol. in-12.*

1704 **Mémoires sur la Vie de J. Racine**, avec ses Lettres & autres Œuvres données par Louis Racine le fils. *Laufanne*, (*Paris*) 1747, 2 *vol. in-12.*

MÉLANGES HISTORIQUES.

1705 **Dictionnaire Théologique, Hiftorique, Poétique, Cofmographique & Chronologique**, par D. de Juigné *Rouen*, 1654, *in 4.*

1706 **Le grand Dictionnaire hiftorique, ou le Mélange curieux de l'Hiftoire facrée & profane**, par L. Morery. *Paris*, 1699, 4 *vol in-fol.*

1707 **Le meme**, nouv. édit. dans laquelle font refondus les Supplémens de l'Abbé Goujet, & publiée par M. Drouet. *Paris*, 1759, 10 *vol. iu-fol.*

1708 **Dictionnaire hiftorique & critique**, par P. Bayle. *Rotterdam*, 1715, 3 *vol. in-fol.*

1709 **Le meme.** *Rotterdam*, 1720, 4 *vol. in-fol.*

1710 **Les Hiftoires mémorables & tragiques de ce temps**, par Franç. de Roffet. *Paris*, 1619, *in-8. mar. bl.*

1711 **Mémoires hiftoriques, politiques, critiques & littéraires**, par Nic. Abrah. Amelot de la Houffaye. *Amst.* 1722, 3 *vol. in-12.*

FIN.

ORDRE
ET DIVISION DE LA VENTE.

Le Jeudi 14 Septembre 1775.

Théologie,   depuis le N. 1.   jusqu'au N. 9. incluſiv.
Sciences & Arts,   depuis le N. 166.   jusqu'au N. 176.
Belles-Lettres,   depuis le N. 350.   jusqu'au N. 394.
Hiſtoire,   depuis le N. 1090.   jusqu'au N. 1126.

Le Vendredi 15.

Théologie,   depuis le N. 10.   jusqu'au N. 18.
Sciences & Arts,   depuis le N. 177.   jusqu'au N. 187.
Belles-Lettres,   depuis le N. 394.   jusqu'au N. 439.
Hiſtoire,   depuis le N. 1127.   jusqu'au N. 1163.

Le Samedi 16.

Théologie,   depuis le N. 19.   jusqu'au N. 27.
Sciences & Arts,   depuis le N. 188.   jusqu'au N. 198.
Belles-Lettres,   depuis le N. 449.   jusqu'au N. 483.
Hiſtoire,   depuis le N. 1164.   jusqu'au N. 1199.

Le Lundi 18.

Théologie,   depuis le N. 28.   jusqu'au N. 36.
Sciences & Arts,   depuis le N. 199.   jusqu'au N. 209.
Belles-Lettres,   depuis le N. 484.   jusqu'au N. 527.
Hiſtoire,   depuis le N. 1200.   jusqu'au N. 1236.

Le Mardi 19.

Théologie,	depuis le N. 37.	jufqu'au N. 45. incluſiv.
Sciences & Arts,	depuis le N. 210.	jufqu'au N. 221.
Belles-Lettres,	depuis le N. 528.	jufqu'au N. 571.
Hiſtoire,	depuis le N. 1237.	jufqu'au N. 1273.

Le Mercredi 20.

Théologie,	depuis le N. 46.	jufqu'au N. 55.
Sciences & Arts,	depuis le N. 222.	jufqu'au N. 232.
Belles Lettres,	depuis le N. 572.	jufqu'au N. 615.
Hiſtoire,	depuis le N. 1274.	jufqu'au N. 1311.

Le Vendredi 22.

Théologie,	depuis le N. 56.	jufqu'au N. 65.
Sciences & Arts,	depuis le N. 233.	jufqu'au N. 243.
Belles-Lettres,	depuis le N. 616.	jufqu'au N. 659.
Hiſtoire,	depuis le N. 1312.	jufqu'au N. 1345.

Le Samedi 23.

Théologie,	depuis le N. 66.	jufqu'au N. 75.
Sciences & Arts,	depuis le N. 244.	jufqu'au N. 254.
Belles-Lettres,	depuis le N. 660.	jufqu'au N. 703.
Hiſtoire,	depuis le N. 1346.	jufqu'au N. 1385.

Le Lundi 25.

Théologie,	depuis le N. 76.	jufqu'au N. 85.
Sciences & Arts,	depuis le N. 255.	jufqu'au N. 265.
Belles-Lettres,	depuis le N. 704.	jufqu'au N. 747.
Hiſtoire,	depuis le N. 1386.	jufqu'au N. 1422.

Le Mardi 26.

Théologie,	depuis le N. 86.	jufqu'au N. 95.
Sciences & Arts,	depuis le N. 266.	jufqu'au N. 276.
Belles-Lettres,	depuis le N. 748.	jufqu'au N. 791.
Hiſtoire,	depuis le N. 1423.	jufqu'au N. 1460.

Le Mercredi 27.

Théologie,	depuis le N. 96.	jufqu'au N. 105. inclus
Sciences & Arts,	depuis le N. 277.	jufqu'au N. 287.
Belles-Lettres,	depuis le N. 792.	jufqu'au N. 835.
Hiftoire,	depuis le N. 1461.	jufqu'au N. 1496.

Le Jeudi 28.

Théologie,	depuis le N. 106.	jufqu'au N. 115.
Sciences & Arts,	depuis le N. 288.	jufqu'au N. 298.
Belles-Lettres,	depuis le N. 836.	jufqu'au N. 880.
Hiftoire,	depuis le N. 1497.	jufqu'au N. 1532.

Le Samedi 30.

Théologie,	depuis le N. 116.	jufqu'au N. 125.
Sciences & Arts,	depuis le N. 299.	jufqu'au N. 309.
Belles-Lettres,	depuis le N. 881.	jufqu'au N. 925.
Hiftoire,	depuis le N. 1533.	jufqu'au N. 1568.

Le Lundi 2 *Octobre*.

Théologie,	depuis le N. 126.	jufqu'au N. 135.
Sciences & Arts,	depuis le N. 310.	jufqu'au N. 319.
Belles-Lettres,	depuis le N. 926.	jufqu'au N. 969.
Hiftoire,	depuis le N. 1569.	jufqu'au N. 1604.

Le Mardi 3.

Théologie,	depuis le N. 136.	jufqu'au N. 138.
Jurifprudence,	depuis le N. 139.	jufqu'au N. 145.
Sciences & Arts,	depuis le N. 320.	jufqu'au N. 329.
Belles-Lettres,	depuis le N. 970.	jufqu'au N. 1016.
Hiftoire,	depuis le N. 1605.	jufqu'au N. 1640.

Le Mercredi 4.

Jurifprudence,	depuis le N. 146.	jufqu'au N. 155.
Sciences & Arts,	depuis le N. 330.	jufqu'au N. 339.
Belles-Lettres,	depuis le N. 1017.	jufqu'au N. 1060.
Hiftoire,	depuis le N. 1641.	jufqu'au N. 1666.

Jurisprudence,   depuis le N. 156.   jusqu'au N. 165. incluſ.
Sciences & Arts, depuis le N. 340.   jusqu'au N. 349.
Belles-Lettres,   depuis le N. 1061. jusqu'au N. 1089.
Histoire,   depuis le N. 1667. jusqu'au N. 1711.

De l'Imprimerie de PRAULT, Imprimeur du Roi,
quai de Gêvres.